HB Bildatlas

Liebe Leserinnen, liebe Leser!

Thomas P. Widmann war schon mehrmals als Fotograf für einen HB Bildatlas unterwegs.

Regine Koch-Scheinpflug und Günter Scheinpflug kennen und bereisen die Toskana bereits seit vielen Jahren.

Träumen Sie von Entdeckungsstreifzügen durch alte Städtchen, Spazierfahrten über kurven- und aussichtsreiche Landstraßen und Wanderungen durch Weinberge und Wälder? Von Renaissancepalästen, gotischen Kathedralen und schönen Madonnenbildern? Von hausgemachter Pasta in einer urigen Trattoria und vom Cappuccino auf einer kleinen Piazza? Dann sind Sie zweifelsohne ein ›Fall‹ für die Toskana.

Ob Sie das beruhigend finden oder nicht – Sie teilen das Schicksal mit vielen anderen Menschen, die Jahr für Jahr in die mittelitalienische Region pilgern. Müsste man eine Typologie des Toskanatouristen aufstellen, so wären mit Sicherheit zwei Merkmale unverzichtbar: Er ist Genüssen nicht abgeneigt und begeisterungsfähig für das Schöne – egal, ob es sich dabei um Gemälde, Landschaftsstimmungen oder Stadtbaukunst handelt.

Rund 20000 Kulturdenkmäler hat der italienische Staat unlängst in der Toskana gezählt – mehr als in jeder anderen Region des Landes. Die berühmten Highlights muss man – wie anderswo auch – mit vielen Mitbesuchern teilen, doch abseits der großen Routen gibt es noch genügend versteckte Kleinode, die man entdecken und ganz für sich genießen kann. Wir wünschen Ihnen viel Vergnügen dabei!

Ihr HB-Bildatlas-Team

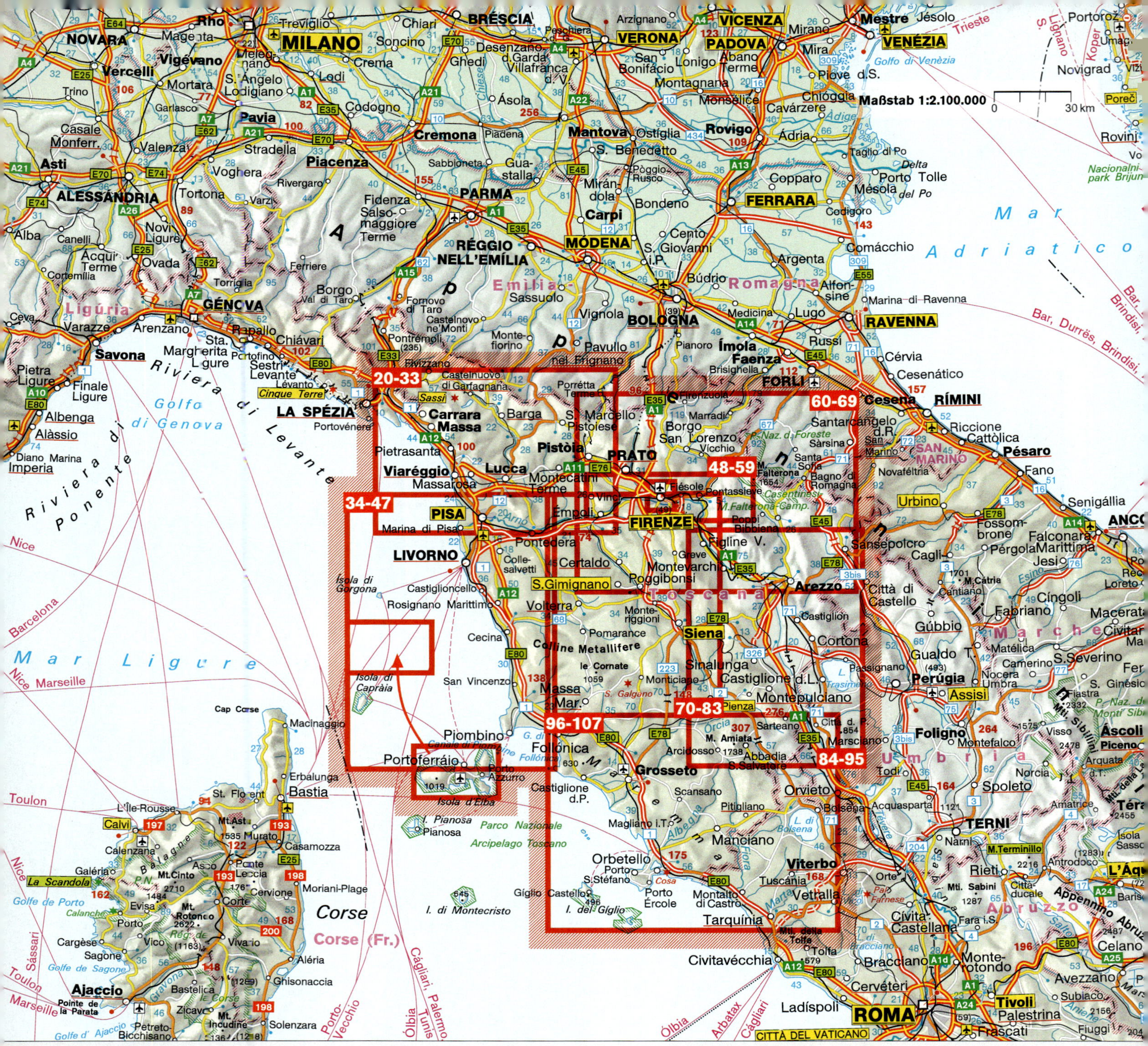

Dabeisein ist alles beim Palio in Siena

Romantiker geraten hier ins Schwärmen: Abendstimmung auf der Piazza del Popolo in Montalcino

Inhalt

Besuchen Sie uns im Internet:
www.hb-verlag.de

TOP ZIEL
BESONDERS SEHENSWERT

Kurvenreich

Zypressenalleen und schmale Landsträßchen, die sich in zahllosen Kehren einen Hügel hinaufwinden – wie hier bei Montepulciano – prägen das Bild von der Toskana. Man findet sie vor allem im Süden der Region.

Treffpunkt Piazza

Eine toskanische Stadt ohne Piazza? Undenkbar. Die Bauwerke allein – im Fall von Prato der wunderschöne Dom mit seiner grün-weiß gestreiften Marmorfassade und der markanten Außenkanzel – machen allerdings noch keine Piazza. Mindestens ebenso wichtig sind die Menschen, die sich hier begegnen, ein Schwätzchen halten, ihre Garderobe ausführen, sich mit Freunden zum Abendessen verabreden ...

Begeisterung, die ansteckt

Beim ›Calcio in costume‹ in Florenz kennt die Begeisterung der Zuschauer keine Grenzen. Zwei Mannschaften in historischen Kostümen kämpfen bei diesem Spiel – einer Mischung aus Fußball und Rugby – mit unsanften Methoden um einen Ball. Das Finale lockt jedes Jahr unzählige Zuschauer in die Arnostadt. Versteht sich, dass jede Mannschaft auch eine Fan-Gemeinde hat, die ihre Spieler nach Kräften anfeuert ...

Wo die Kunst zu Hause ist

Rund 20 000 Kulturgüter, von etruskischen Gräbern, Kapellen und Kirchen – hier das Innere des Doms von Pisa mit der berühmten Kanzel von Giovanni Pisano – bis zu Rats- und Gildenhäusern, Stadtpalästen und Landvillen, wurden in der Toskana gezählt. Eine Rekordzahl, an die keine andere Region in Italien, kein anderes Land weltweit heranreicht.

Hoch hinaus

Das Streben vieler Architekten, immer weiter himmelwärts zu bauen, ist keine Erfindung der Moderne. Das weiß man spätestens nach einem Besuch in San Gimignano, wo die um Macht und Einfluss konkurrierenden Patrizier sich immer noch höhere Wohntürme errichten ließen. Von der Rocca di Montestaffoli bietet sich ein einmaliger Blick auf die Turmskyline.

Sonnige Lage(n) für einen guten Tropfen

In den Hügeln zwischen Florenz und Siena, ger auer gesagt in den Weinbergen von Greve, San Casciano, Radda, Castellina und Gaiole, reifen die Trauben für den Chianti Classico. Der Klassiker unter Italiens Rotweinen gehört nach einigen Hochs und Tiefs und einer Absatzkrise in den 1970er-Jahren zu den ausdrucksvollsten Weinen des Landes.

Im Reich der Fantasie

Der Giardino dei Tarocchi bei Orbetello ist ein Skulpturenpark der besonderen Art und einer der Besuchermagnete im Süden der Toskana. Die Künstlerin Niki de Saint Phalle erfüllte sich damit einen Lebenstraum. Die Oberfläche der riesigen Figuren bilden Spiegelscherben aus Muranoglas und Keramikfliesen in knallbunten Farben. Nicht nur für ›kleine‹ Besucher ist der Skulpturenpark ein ›fabelhaftes‹ Vergnügen!

Das Tor zur Toskana

Genau genommen ist der Nordwesten der Toskana untypisch für die Region. Das mag der Grund dafür sein, dass viele Touristen ihn links liegen lassen und gleich in Richtung Pisa oder Siena weiterfahren. Wer sich jedoch für diese Ecke der Toskana Zeit nimmt, wird so manche Entdeckung machen – Marmorpracht in Carrara, Sandstrände vor dem Hintergrund der Apuanischen Alpen, traditionsreiche Badeorte wie Forte dei Marmi oder Viareggio und abgelegene Wanderparadiese in der Garfagnana, dem Hochtal im Hinterland.

Überall im Stadtbild von Carrara ist er präsent, der Marmor, der Kirchen, Häuserfassaden und sogar den Bürgersteigen Glanz verleiht.

▲ Der Dom von Massa mit seiner klassizistischen Fassade

▲ In den Marmorbrüchen von Fantiscritti

▼ Unterricht im Steinbruch

▲ Dekoratives aus Marmor

▼ *Dem Marmor verbunden wie kein anderer: der ehemalige Bergarbeiter Walter Danesi*

Von weitem sehen sie aus wie verschneite Berggipfel. Doch es ist nicht Schnee, der die Apuanischen Alpen in der Sonne weiß leuchten lässt, es ist der Marmor. Der weiße Staub macht aus der Berglandschaft im Hinterland von Carrara auch im Sommer ein Wintermärchen. Aber auch riesige Löcher hat der Marmorabbau bereits in die Berghänge geschlagen, an denen sich im Zickzack die Transportstraßen hochschlängeln. Eine Fahrt in die Marmorbrüche, nach Fantiscritti und Colonnata, hat etwas von einem Abenteuer. Hinter Carrara wird die Straße schnell staubig und schmal, und die entgegenkommenden Lastwagen wirken mit ihrer schweren Fracht bedrohlich. Am Straßenrand werden Souvenirs, Kunsthandwerk und allerhand Nippes aus Marmor ver-

SPECIAL

Das weiße Gold

Carraras Aufstieg zur Marmormetropole vollzog sich im 11./12. Jh., als die Pisaner für die Bauwerke auf dem Campo dei Miracoli, dem Platz der Wunder, Marmor bestellten. In der Renaissance entdeckten die Bildhauer die besonderen Qualitäten des Steins. Michelangelo holte den Marmor für seine Statuen selbst aus den Bergen von Carrara, und dass auch einige Jahrhunderte später Künstler wie Henry Moore oder Jean Arp bevorzugt mit dem Carrara-Marmor arbeiten, lässt seine Wertschätzung erkennen. Heute ist der berühmte weiße Marmor, der Marmo statuario, weltweit in Küchen- und Badezimmereinrichtungen der gehobenen Klasse zu finden. Der Preis für einen Kubikmeter durchschnittlicher Marmorqualität liegt bei etwa 1000 Euro. Geschätzt wird das Gestein, von dem es mehr als 60 verschiedene Sorten gibt, vor allem wegen seiner Dauerhaftigkeit, aber auch wegen seiner ästhetischen Vielfalt. Spuren von Metallsalzen verursachen seine Verfärbungen: Eisenoxide sorgen für eine rote Tönung, das Eisensulfid bewirkt eine bläulichschwarze Färbung, Brauneisen, Eisen- und Mangankarbonat sowie Eisenhydroxid färben den Stein gelb und braun, während eisenhaltige Silikate Grüntöne hervorbringen.

▲ Nah am Wasser und doch nah an den Alpen: Forte dei Marmi

▲ Viareggio: Bummeln an der Strandpromenade … ▼ … sportlich aktiv im Wasser oder … ▲ … zu Gast beim Karneval

▲ *Am feinen Sandstrand von Marina di Massa*

▼ *Mit dem Oldtimer in Forte dei Marmi*

kauft. Plötzlich verschwindet die Straße im schwarzen Loch eines engen Tunnels. Kein Schild weist darauf hin, dass er 300 m lang und stockdunkel ist, und vor allem wo er letzten Endes hinführt. Am besten nicht nachdenken, bis der erste winzige Lichtschein am Ende des Tunnels erkennbar wird. Vielleicht – so könnte man meinen – muss man sich ja den Zutritt zur Welt des Marmors mit dieser kleinen Mutprobe verdienen …

Gefährlicher Job

3500 Beschäftigte arbeiten in der Marmorindustrie, 1200 davon in den 300 Steinbrüchen. Kaum zu glauben, dass früher die riesigen Blöcke nur mit Hilfe von einfachen Werkzeugen und unter Einsatz des Lebens aus dem Berg herausgebrochen wurden. Der anschließende Abtransport ins Tal war über Rutschen aus Holz nicht weniger gefährlich. Heute gibt es die moderne Sprengtechnik, doch die Arbeit im Steinbruch ist nach wie vor nicht ohne Gefahren.

Im Hinterland von Carrara werden inzwischen durchschnittlich mehr als 1 Mio. Tonnen Marmor im Jahr abgebaut. Im Rekordjahr 2000 wurden im Hafen von Marina di Carrara sogar 3,4 Mio. Tonnen des kostbaren Gesteins verschifft. Die Marmorproduktion hatte sich in den letzten Jahren nicht zuletzt deshalb nahezu verdoppelt, weil ein internationaler Chemiekonzern eine neue Nische für den Handel mit dem ›weißen Gold‹ entdeckt hatte: Aus kleineren Marmorbrocken wird Kalziumkarbonat gewonnen, aus dem sich Kalziumtabletten, Zahnpasta und andere Produkte herstellen lassen. Sollte allerdings der ungebremste Abbau so weiter gehen, werden die Marmorlagerstätten rund um Carrara voraussichtlich in den kommenden Jahrhunderten erschöpft sein.

Von den Bergen an den Strand

Blühende Oleanderhecken entlang der Autobahn, Palmen an den Strandpromenaden, gelbe Mimosen, Bougainvilleen, Passionsblumen, Zitronen- und Orangenbäume, Kastanien, Steineichen und ausladende Schirmpinien gedeihen an der Küste zwischen Carrara und Viareggio in einer verschwenderischen Üppigkeit. Villen be-

▲ Sala Portoghesi in der Terme Tettuccio

▲ Gartenkunst auf toskanisch: Park der Villa Garzoni

▲ Im maurischen Stil: Terme Tamerici in Montecatin

▼ Schwitzen in den Grotten von Montesummano Terme

herrschen das Bild in den Badeorten, selten verstellen große Hotelbauten die Skyline. Die einheimischen Gäste schätzen die Vorzüge einer traditionellen Sommerfrische. Dazu gehören auch die typisch italienischen Strandbäder, wo man sich für den Aufenthalt am Meer einen Liegeplatz nebst Sonnenschirm und Umkleidekabine mieten muss. Die wenigen öffentlichen Bade-

SPECIAL

Die berühmte Langnase

Die Geschichte von Pinocchio, der zum Leben erwachten Gliederpuppe mit der langen Nase, hat schon Generationen von jungen und alten Lesern zu Tränen gerührt. Eine Verfilmung des Klassikers war deshalb nur eine Frage der Zeit. Nachdem sich bereits Walt Disney 1940 daran versucht hatte, nahm sich rund 60 Jahre später Italiens Starkomiker Roberto Benigni der Geschichte an. Mit dem gigantischen Budget von 45 Mio. Euro verfilmte er die Geschichte von Pinocchio und spielte auch die Hauptrolle in dem Märchenstück. Den Großteil des Filmetats verschlangen die technischen Raffinessen. In der Neuverfilmung ist alles noch bunter, noch rasanter und noch unglaublicher. Ein Beispiel von vielen: In der literarischen Vorlage von Carlo Lorenzini – besser bekannt unter dem Pseudonym Carlo Collodi – wird Pinocchio aus einem Holzscheit geschnitzt, im Film hat der Puppenvater einen Baumstamm zu bearbeiten, der vorher per Computeranimation durch die Gegend fliegt und aus einem Marktstand Obstsalat machte. Obwohl der aufwändige Streifen international eher als Flop denn als Erfolg bezeichnet werden musste, erlebt Pinocchio seither in Italien eine Renaissance: Ob auf der Piazzale Michelangelo in Florenz oder am Kiosk eines Provinzbahnhofs – nirgendwo darf der hölzerne, rot-grün lackierte Bengel fehlen.

plätze sind in puncto Pflege gegenüber den kostenpflichtigen ›bagni‹ klar im Hintertreffen, wo weder Papierreste noch Zigarettenkippen den geharkten Sand verschmutzen. Jeden Tag sucht man seinen gewohnten Liegestuhl auf und trifft auf den gewohnten Nachbarn, mit dem man dann das gewohnte Schwätzchen hält. Wer

▼ Der Junge mit der langen Nase: Pinocchio

▲ Verführerisch: Pasticceria Taddeucci in Lucca

► Der nächtliche Torre Guinig

▲ Auch für Kunst ist Platz auf der Piazza Mercato in Lucca

▲ Lucca: Plausch auf der Piazza San Michele ...

▼ ... Loggia im Abendlicht

der Vorstellung anhing, das Leben in Italien sei ungeordneter als in der Heimat, wird zumindest am Strand von Forte dei Marmi, Viareggio oder Marina di Carrara eines Besseren belehrt ...

Der Gesundheit wegen

Montecatini Terme ist kein gewöhnlicher Kurort. Die Diva unter den Bädern Italiens lässt sich mit Baden-Baden, Karlsbad oder Brighton vergleichen. Seit dem Ende des 18. Jh.s, als die ersten repräsentativen Thermen eingeweiht wurden, trafen sich hier Mitglieder europäischer Königshäuser, Dichter und Intellektuelle, später auch Film- und Bühnenstars aus dem In- und Ausland zur Kur. Giuseppe Verdi soll, wenn ihm seine Leber zu schaffen machte, nach Montecatini gereist sein. Auch der Schah von Persien, der Herzog von Windsor, Orson Welles und Gary Cooper nippten schon an dem lauwarmen Heilwasser, das heute wie damals aus den polierten Messinghähnen der Thermalanstalten fließt.

Kuren und sich wohlfühlen

Auch heute ist die Mehrheit der rund 800 000 Kurgäste älteren Semesters, obwohl sich die Kommune bemüht, mit Wellness-Angeboten oder hochkarätig besetzten Konzertreihen ein jüngeres Publikum anzusprechen. An warmen Sommerabenden sitzen die Kurgäste vor ihren Hotels und Pensionen und halten ein Schwätzchen, oder sie lustwandeln durch die herrlichen Parkanlagen des Kurstädtchens. Morgens widmet man sich der Gesundheit, denn die Heilwasser werden nur vormittags und auch nur auf Rezept verabreicht. Sie sind so stark, dass man sie in winzigen Schlucken zu sich nehmen sollte – und vor allem nüchtern. Nach ärztlichem Rat gibt es das Frühstück erst zwanzig Minuten danach, so dass sich die heilende Wirkung entfalten kann.

Damit neben der Pflicht das Vergnügen nicht zu kurz kommt, spielt zum Kurerlebnis eine Kapelle auf und Tangorhythmen dringen aus den altehrwürdigen Gemäuern. Manche meinen sogar, dieser Teil der Kur sei für die Genesung mindestens ebenso verantwortlich wie das Heilwasser von Montecatini Terme ...

Garfagnana
Alpi Apuane
Parco Alpi Apuane
Versilia
Monte Albano
Monte Pisano
le Cerbaie
Parco Migliarino - S.Rossore - Massaciuccoli
Parco dell'Orecchiella
Appenn. Modenese
Parco Corno a. Scale
SARZANA
LERICI
CARRARA
MASSA
MONTIGNOSO
Forte dei Marmi
PIETRASANTA
Seravezza
CAMAIORE
VIARÉGGIO
Massarosa
LUCCA
PISA
Duomo
La Torre pendente
VECCHIANO
S.Giuliano Terme
VICOPISANO
CASCINA
CASTELFRANCO DI SOTTO
S.CROCE SULL'ARNO
FUCÉCCHIO
ÉMPOLI
Vinci
PÉSCIA
MONTECATINI TERME
Monsummano
Serravalle
PISTÓIA
BARGA
CASTELNUOVO DI GARFAGNANA
BAGNI DI LUCCA
BORGO A MOZZANO
Ponte del Diavolo (1322)
S.MARCELLO PISTOIESE
Abetone
Pievepélago
SESTOLA
M.Cimone
Porretta Terme
Fivizzano
Aulla
Altopascio
Porcari
Capannori
Tenuta di S.Rossore
Maßstab 1:300.000
0
5 km
66
56
80

Infos

Sobald man sich von der Küste entfernt – hier bei Camaiore – wird es grün und erholsam

CARRARA ①

Der Name Carrara geht auf das Altligurische Kar zurück und bedeutet ganz einfach: Stein. Gemeint ist damit der Marmor, der nicht nur in der Umgebung, sondern auch in der Stadt selbst allgegenwärtig ist – an Gebäuden, auf dem Straßenpflaster und in Form von Staub, den man je nach Windrichtung zu spüren bekommt. Sowohl zum Meer als auch in die Apuanischen Alpen ist es von der ›Marmor-Stadt‹ (65000 Einw.) nicht weit.

Sehenswert: Zentrales Schmuckstück der lebhaften Stadtmitte mit hohen Bürgerhäusern und schmalen Straßen ist der **Dom Sant' Andrea** im Pisaner Stil (11. – 14. Jh.). Hinter der Fassade aus grünem und grau-weißem Marmor verbirgt sich ein dreischiffiger, schwach beleuchteter Innenraum. Die Kanzel verdient einen Blick, denn ihre Marmortreppe wurde aus einem Block gehauen. Die ehemaligen Herren von Carrara, die im wahrsten Sinne des Wortes ›steinreiche‹ Malaspina-Familie, residierte in dem Gebäude, das seit 1805 die **Accademia delle Belle Arti** beherbergt. Imposante Paläste aus dem 17. Jh. stehen um die hübsche **Piazza Alberica**, wohingegen sich an der Piazza XXVII Aprile Steinmetze ihre Marmorateliers eingerichtet haben. An der Viale XX Settembre, zwischen Carrara und Marina di Carrara, informiert das **Museo del Marmo** (geöffnet Mo. – Sa. 10.00 – 20.00, im Winter bis 17.00 Uhr) über das Gestein, seine Geschichte und seine Verwendung.

Aktivitäten: Baden kann man in Marina di Carrara, doch der Strand liegt in der Nähe des Hafens und wird weniger von den Touristen als von den Einheimischen geschätzt. Zum Baden fährt man deshalb einfach ein paar Kilometer weiter nach Süden, an die Strände zwischen Carrara und Viareggio.

Veranstaltung: Alljährlich findet im Juli in einem Palazzo an der Piazza Alberica ein Symposium über die Marmorbearbeitung statt.

Restaurant: Wer sich einmal wie die Italiener bewirten lassen möchte, sucht am besten **Da Roberto** an der Via Apuana 6 auf. Dort gibt es traditionelle Hausmannskost und handfeste Fleischgerichte (Tel. 058 57 56 34).

Umgebung: Die bekanntesten Marmorbrüche in der Nähe von Carrara heißen **Colonnata** und **Fantiscritti**. Mitten im Abbruchgebiet von Fantiscritti informiert das kleine Freilichtmuseum von Walter Danesi über die Methoden des Marmorabbaus und das mühsame Leben der Arbeiter.

Massa, das moderne Zentrum der Region, verströmt die Atmosphäre einer regen Handwerkerstadt und mediterranes Ambiente zugleich. Von seiner schönsten Seite zeigt sich Massa auf der Piazza degli Aranci, die von Orangenbäumen gesäumt ist. Dominiert wird der Platz vom Palazzo Malaspina aus dem 16. Jh. mit trutzigem Äußeren, aber elegantem Innenhof mit Renaissance-Arkaden. Hoch über der Stadt thront das Castello der Malaspina (11. – 17. Jh.), von dem man bei entsprechender Sicht über die gesamte Stadt bis zum Meer hinunter blicken kann.

TIPP

Weiß wie Marmor

... ist der Lardo, der berühmte Schweinespeck aus dem Bergarbeiterdorf Colonnata. Nach alter Tradition wird er bis zu sechs Monaten in Marmorfässern gelagert, bevor er, mit Knoblauch und Rosmarin gewürzt, dünn aufgeschnitten auf den Tisch kommt.

ⓘ APT Massa Carrara, Via Genova 1, 54032 Marina di Carrara, Tel. 0585 63 25 19.

FORTE DEI MARMI ②

Prächtige Villen aus dem 19. Jh. erinnern an die Zeit, als der Badeort (9000 Einw.) Mittelpunkt des gesellschaftlichen Lebens an der Versilia war. Auch heute noch prägen norditalienische Touristen mit ihrem eigenen Chic den Stil des Ferienortes, der wegen seines feinen Strandes ein beliebtes Familienreiseziel ist.

Sehenswert: Die Flaniermeile in dem hübschen, aber auch teuren Seebad ist die 300 m lange Mole. Als letzter Überrest der einstigen **›Festung des Marmors‹** steht an der zentralen Piazza Marconi die kleine, trutzige Anlage (18. Jh.), die heute das **Museo della satira e della caricatura** beherbergt.

Restaurant: Das Essen direkt am Meer hat meistens seinen Preis. Bei **La Barca**, Viale Italico 3, Tel. 05 84 89 323, ist es deshalb nicht billig, aber die Qualität stimmt.

Unterkunft: Hinter der Strandpromenade, mit eigenem Strandbad und hübsch in einem Pinienhain gelegen: **Raffaeli Park Hotel**, Via Mazzini 64, Tel. 0584 78 72 94, E-Mail: info-hotels@raffaeli.com, DZ 130 €.

Umgebung: Weiter nördlich liegt der weniger luxuriöse Badeort **Cinquale**, wo sich hauptsächlich Familien am Strand treffen, die in den Dörfern im Hinterland Quartier bezogen haben wie etwa in Strettoia. In **Pietrasanta** können sogar Normalsterbliche zum Meißel greifen und den Marmor verarbeiten – bei einem Kurs im Istituto d'Arte. Am liebsten werden nach wie vor die großen Vorbilder, wie der David von Michelangelo, kopiert. Schmuckstück der Festungsstadt ist der Dom, die Collegiata di San Martino, die von 1256 bis 1258 erbaut wurde. Die weiße Fassade ist vollständig mit Marmor verkleidet.

ⓘ APT Versilia, Viale Franceschi 8d, 55042 Forte dei Marmi, Tel. 058 48 00 91, E-Mail: forte@versilia.turismo.toscana.it

VIAREGGIO ③

Der größte Badeort der Versilia hält jenes Angebot bereit, das man von einem ebenso traditionsreichen wie modernen Seebad erwartet. Während die Jacht im Hafen vor Anker liegt, flanieren Bootsbesitzer über die breite Strandpromenade, die von Palmen, prächtigen Jugendstilhotels und Grand Cafés gesäumt ist.

Sehenswert: Wenn schon nicht als Hotelgast, dann sollte man wenigstens auf einen Caffè oder einen Aperitiv den prachtvollen Foyers des **Hotels Principe di Piemonte** oder des **Hotel Royal** einen Besuch abstatten. Auf jeden Fall gehört sich das in Viareggios prominentestem Jugendstilbau, im **Grand Café Margherita** mit seinen unübersehbaren grünen Kuppeln. Mehr als nur einen Blick von außen verdienen auch die Lagerhäuser im Norden an der Via Marco Polo, wo die bunten Karnevalsfiguren in der **Cittadella del Carnevale** auch außerhalb der Karnevalssaison bewundert werden können.

Im Freizeitpark von Collodi dreht sich alles um Pinocchio, die hölzerne Langnase

Veranstaltung: An vier Sonntagen im Februar lockt Viareggio mit seinem **Carnevale**. Bunte Festwagen mit hydraulisch gesteuerten Riesenfiguren ziehen dann die Uferpromenade entlang. Informationen zu diesem Spektakel unter www.viareggio.ilcarnevale.com.

ⓘ APT 1 Versilia, Piazza Mazzini 22, Tel. 058 44 88 81, 55049 Viareggio, E-Mail: viareggio@versilia.turismo.toscana.it

LUCCA ④

Lucca ist eine Perle unter den toskanischen Städten. Das wohl erhaltene alte Zentrum der ehemals reichen Seidenhändlerstadt liegt geschützt hinter einem breiten Festungswall aus dem 16. Jh., der nicht nur Angreifern, sondern auch den Überschwemmungen des Flusses Serchio Einhalt gebot.

Sehenswert: Auffällig sind die vielen trutzigen Ziegelsteingebäude, unter denen der **Palazzo Guinigi** aus dem 14. Jh. mit der **Torre Guinigi**, einem wuchtigen Turm, auf dem sogar Steineichen wachsen, der bekannteste ist. Von dort bietet sich ein atemberaubender Blick über die Dächer der Stadt. Durch die Einkaufsstraße **Via Fillungo** mit wunderschönen alten Geschäften kommt man zum Wahrzeichen Luccas, zur **Piazza Anfiteatro**, dem ehemaligen römischen Amphitheater. Empfehlenswert ist ein Blick in das Lebensmittelgeschäft, das von der Ecke der Via Fillungo bis zur Piazza reicht. Speck aus Colonnata, Focaccia auf alle Arten – ein Paradies für Feinschmecker. **San Frediano**, ganz in der Nähe, mit seinem farb- und bilderreichen Mosaik an der Fassade aus dem 13. Jh., erinnert an byzantinische Kirchenkunst. Obwohl Lucca mit **San Martino** einen großen, kunsthistorisch bedeutenden Dom mit einer reich verzierten Marmorfassade aus dem 13. Jh. und zahlreichen Kunstwerken der Frührenaissance – u. a. dem Marmorgrabmal der Ilaria del Carretto von Jacopo della Quercia – besitzt, ist die Lieblingskirche der Luccheser doch **San Michele in Foro**. Nicht ohne Grund wird sie auch Bürgerkirche genannt. Auf schlanken Blendarkaden stehen vier Zwerggalerien mit figuralen Säulen, so dass San Michele an der Westfassade fünf Galerien und eine imposante Höhe erreicht.

Museen: Casa Natale di Giacomo Puccini, das Geburtshaus des Komponisten, ist als Gedenkstätte und Sitz der Puccini-Stiftung eingerichtet und bietet allerhand Authentisches über das Leben des großen Sohnes der Stadt (Corte San Lorenzo 9/Via di Poggio, geöffnet März – Dez., Juni – Sept. tgl. 10.00 bis 18.00, sonst Di. – So. 10.00 – 13.00 und 15.00 bis 18.00 Uhr). Im **Palazzo Mansi** ist die Pinacoteca mit Werken der florentinischen, flämischen und venezianischen Malerei untergebracht (geöffnet Di. – Sa. 8.30 – 19.30, So. 8.30 – 13.30 Uhr).

Restaurants: Im **Caffè di Simo** bei der Loggia dei Mercanti mischen sich Touristen und Luccheser. Es werden große und kleine Gerichte serviert. Tradition hat auch das **Antico Caffè di Simo** auf der Via Fillungo, wo sich schon Puccini süße Hefeteilchen und Caffè servieren ließ.

Unterkunft: La Luna, ein typisches Stadthotel, liegt unweit der Piazza di Anfiteatro. Via Fillungo/Corte Compagni 12, Tel. 05 83 49 36 34, Fax 05 83 49 00 21, DZ 130 €.

Umgebung: Auf dem Weg in die Berge empfehlen sich Ausflüge zu den Luccheser Villen, insbesondere zur **Villa Reale** (1800), zur **Villa Mansi** (16. Jh.), zur **Villa Torrigiani** (1600) und zur **Villa Garzoni** (17. Jh.). Die Patriziervillen stammen aus den unterschiedlichsten Epochen und wurden später immer wieder baulich und im Stil umgestaltet, ganz nach dem Geschmack ihrer Besitzer. Zum Teil sind auch nur die zauberhaften Parkanlagen, wie bei der Villa Reale, zu besichtigen. Die Öffnungszeiten erfährt man beim APT Lucca. Von der Villa Garzoni ist es nicht weit nach **Collodi**, wo der unterhalb gelegene **Freizeitpark** ganz im Zeichen von Pinocchio steht (geöffnet tgl. 8.00 Uhr bis Sonnenuntergang) Wie Collodi liegt auch das benachbarte **Pescia** an der SS 435. Die nach dem Fluss benannte Stadt ist das Zentrum der Blumenzucht in der Toskana. Hinter der Porta Fiorentina warten u. a. der Dom (17. Jh., Fassade aus dem 19. Jh.) und weitere Sakralbauten wie die Chiesa di Francesco aus dem 14. Jh. mit einem herausragenden Franziskus-Tafelbild von Bonaventura Berlinghieri (1235). Auf der gegenüberliegenden Flussseite lockt die Piazza Grande zum Verweilen, im Palazzo dei Vicari (13./14. Jh.) ist das Rathaus untergebracht. Die Blumenpracht von Pescia findet sich hinter dem Bahnhof. Dort werden auf dem größten Mercato dei Fiori der Toskana ganzjährig Schnittblumen angeboten.

Veranstaltung: Puccini-Festival in Torre del Lago, Juli/Aug. Informationen und Kartenbuchung unter www.festival-puccini.de

ⓘ APT Piazzale Verdi, 55100 Lucca, Tel. 05 83 41 96 89, E-Mail: aptlucca@turismo.toscana.it

MONTECATINI TERME ⑤

In Montecatini macht man alles zu Fuß. Schließlich kommt man wegen der Gesundheit und der Schönheit hierher. Ein Glück. Denn beim Schlendern lässt sich neben eleganten Geschäften und Galerien so manches architektonische Kleinod aus der Zeit des Jugendstils und der Belle Époque entdecken. Die traditionsreichsten Kurhäuser – u. a. die Terme Excelsior und die neobarocke Terme Tettuccio – findet man an der Viale Verdi.

Montecatini Alto: Zwischen Montecatini Terme und dem alten Ortsteil Montecatini Alto, der auf einem Berg über der Stadt thront, fährt eine Drahtseilbahn mitten durch Olivenhaine. Der stimmungsvolle mittelalterlich geprägte Ort gruppiert sich um die Piazza Giuseppe Giusti, wo man köstlich speisen oder auch nur einen Caffè einnehmen kann. Abfahrt an der Talstation nordöstlich der Tettuccio Terme: April – Okt. 10.00 – 19.30, Mai bis Sept. bis 24.00 Uhr zur halben und zur vollen Stunde.

Lobby im Hotel Corallo in Montecatini Terme

TIPP

Auf Puccinis Spuren

Madame Butterfly, La Bohème, Turandot – Namen, die zum Synonym geworden sind für die italienische Oper des späten 19. Jhs. Komponiert hat sie Giacomo Puccini (1858 – 1924), der Sohn des Domkapellmeisters aus Lucca. Weil er schon mit 17 Jahren zu viel Feuer in sein Orgelspiel legte, erhielt er keine Anstellung und schrieb fortan eigene Noten – wie vor ihm schon ein anderer berühmter Komponist aus Lucca, der 1805 verstorbene Luigi Boccherini. In der Via di Poggio am Corte San Lorenzo 9 kann man das Geburtshaus von Puccini besichtigen mitsamt dem Klavier, auf dem er ›Turandot‹ komponierte. Das Landhaus der Familie steht in Gello dei Puccini, einem kleinen Ort in Richtung Pescaglia, wo der Maestro bis kurz vor seinem Tod 1924 lebte. Nicht nur hier, sondern auch in Torre del Lago am Lago Massaciuccoli, wo er mit seiner Frau Elvira und seinem Sohn Tonio in einer Kapelle beigesetzt ist, wird des großen Meisters gedacht. Eine weitere Gedenkstätte finden Puccini-Verehrer in Chiatri nördlich von Lucca. Dort, auf dem abgeschiedenen Gipfel des Monte Chiesa, schrieb er in einer alten Villa an einer seiner berühmtesten Opern: ›Tosca‹, 1900 uraufgeführt. Wer Puccinis Werke vor Ort genießen will, dem sei das Puccini-Festival in Torre del Lago empfohlen (Juli/August) oder das kleine, aber feine Musikfestival Sagra Musicale Lucchese von April bis Juni, das ebenfalls Puccini im Programm hat.

Unterkunft und Restaurant: Die meisten Gäste essen in Montecatini Terme im Hotel, was die geringe Zahl echter Restaurants erklärt. Empfehlenswert: **Hotel Corallo**, Viale Cavalotti 116, Tel. 0572 78 288, DZ 95 €. Der Stil des Hauses ist beispielhaft für die Kurstadt: Ausgesuchte Höflichkeit und ein fabelhaftes Essen.

Umgebung: In **Monsummano Terme**, knapp 4 km entfernt, gibt es eine Thermalgrotte, die Grotta Giusti (tgl. geöffnet Mitte März bis Mitte Nov.). Dort kann man sich Dampfbehandlungen unterziehen, schwitzen und inhalieren.

ⓘ Viale Verdi 66a, Tel. 05 72 77 22 44 , E-Mail: apt@montecatini.turismo.toscana.it

Pistoia 6

An Pistoia fährt man gerne vorbei, auf dem Weg nach Florenz oder nach Lucca. Ein Fehler, denn die Stadt mit ca. 100 000 Einwohnern besitzt ein hübsches altes Zentrum mit einem sehenswerten Dom und dem Charme eines mittelalterlichen toskanischen Marktortes.

Sehenswert: Am Domplatz sind die Hauptsehenswürdigkeiten versammelt, ungestört von Bars, Cafés oder Geschäften: die romanische **Kathedrale San Zeno** aus dem 12./13. Jh. mit einem Majolika-Kassettengewölbe von Andrea della Robbia im Portikus, der ebenfalls marmorverkleidete, 66 m hohe **Kampanile** (Karten für die Besteigung gibt es in der Touristeninformation), das achteckige **Baptisterium** aus dem 14. Jh. und der gotische **Palazzo Comunale** mit dem dortigen Museo Civico (geöffnet Di. – Sa.). Auch die berühmte Pisano-Kanzel in Sant' Andrea und den Majolika-Fries am **Ospedale del Cepo** aus der Werkstatt der della Robbia sollten Kunstliebhaber nicht versäumen.

In der schmalen Gasse zwischen Domplatz und Piazza della Sala gibt es noch die **mittelalterlichen Ladenwerkstätten.** Ideal ist ein Besuch in dem schönen Städtchen mittwochs und samtags, wenn auf der Piazza del Duomo Markt abgehalten wird.

Restaurants: Hier sucht man vergeblich eine Weinkarte, denn es wird nur roter oder weißer Hauswein serviert: **Trattoria dell'Abbondanza**, Via dell'Abbondanza 10/14, Tel. 05 73 36 80 37, Mi. und Do. mittags geschlossen. Dafür gibt es eine umso größere Weinkarte bei der Località Piteccio etwas außerhalb, wo man herrlich unter Kastanienbäumen sitzt: **Il Castagno di Pier Angelo**, Via del Castagno 46/b, Tel. 05 73 42 214, Mo. und an Wochentagen mittags geschlossen.

Unterkunft: Das kleine Stadthotel **La Patria** liegt nicht weit vom Domplatz entfernt. Via Crispi 8, Tel. 05 73 25 187, Fax 05 73 36 81 68, DZ 85 €.

Umgebung: Moderne Kunst in der Toskana – wie sieht das aus? Zwischen Pistoia und Prato liegt die Fattoria di Celle, ein **Museum** mit rund 30 ha Park. Dort werden Arbeiten von über 40 zeitgenössischen Künstlern wie Richard Serra, Dani Karavan oder Magdalena Abakanowicz gezeigt. Der Zugang zu dieser faszinierenden Auseinandersetzung zwischen Kunst und Landschaft ist leider erst nach schriftlicher Anfrage und nur zwischen April und Oktober möglich (Collezione Gori, Tel. 05 73 47 99 07, Fax 05 73 47 94 86).

ⓘ I.A.T., Palazzo dei Vescovi, Piazza del Duomo, 51100 Pistoia, Tel. 05 73 21 622, E-Mail: apt12pistoia@tin.it

Castelnuovo di Garfagnana 7

Ein Dorado für Wanderer und Naturfreunde ist die waldige Garfagnana, ein Gebirgstal in den Apuanischen Alpen, das man am schnellsten und bequemsten von Lucca aus erreicht.

Sehenswert: Der **Markt** in Castelnuovo di Garfagnana zieht Neugierige aus der ganzen Gegend an – ein idealer Einkaufsort für Spezialitäten der nördlichen Toskana wie Käse, Pilze und Wurst. Der Stolz des historischen Hauptortes ist der **Dom** aus dem 15./16. Jh., in dem u. a. Terracottawerke aus der della Robbia-Schule zu sehen sind. Beliebter Treffpunkt ist der Platz vor der **Rocca**, der ehemaligen Festung (13. Jh.).

Restaurant: Erst probieren, dann kaufen, in dem Laden mit Osteria findet man sämtliche (deftige) Spezialitäten der Garfagnana: **Vecchio Mulino**, Via Vittorio Emanuele 12, Tel. 05 83 62 192

Unterkunft: Ländlich gelegen ist **La Lanterna**, Loc. Piano Pieve, Le Monache 300/b, Tel. 058 36 22 72, Fax 058 364 14 18, DZ 70 €.

Majolikafries am Ospedale in Lucca

Umgebung: **Barga** gilt als Zentrum der Handwerker. Durch steile Gassen geht es hinauf zum mittelalterlichen Dom, dessen Bau im 9. Jh. begonnen und erst im 15. Jh. beendet wurde. Herausragend sind die erzählerisch reichen Steinmetzarbeiten an der Kanzel, die Guido da Como zugeschrieben werden, dem Baumeister der Luccheser Domfassade.

ⓘ Pro loco, Loggiato Porta 10, 55 032 Castelnuovo di Garfagnana, Tel. 05 83 64 10 07

Die Küste im Blick

Von Pisa würde heute niemand behaupten wollen, die Stadt liege am Meer. Dass sie in der Vergangenheit dennoch immer auf die Küste und nicht auf das Hinterland ausgerichtet war, hat seinen Grund: Die Stadt wurde an einer Lagune gegründet und verdankte ihren Aufstieg zur mächtigen Seerepublik der Schlagkraft ihrer Flotte. Die Gewinne aus dem Seehandel flossen in große Bauprojekte wie den Dom und den Kampanile, der aufgrund seiner Schieflage – auch das eine Folge der Meernähe – der Stadt zu ihrem einzigartigen Wahrzeichen verhalf.

Wieder zugänglich: der Schiefe Turm von Pisa. Weit reicht von hier oben der Blick über den Dom und die Dächer der Stadt.

◄ Der berühmteste Kampanile der Welt

▲ Baptisterium, Dom und Schiefer Turm

▲ Camposanto, der Friedhof des Dombezirks

▼ Im Innern des Doms

Er steht schief, aber seit einiger Zeit wenigstens stabil schief – der Glockenturm des Doms von Pisa. Seit Dezember 2001 können Touristen das einzigartige Bauwerk wieder besteigen. Die Frage, die sich die meisten Besucher stellen, wenn sie vor dem Schiefen Turm stehen, ist: Wie kommt es, dass ein Gebäude sich so zur Seite neigt?

Auf Schwemmland gebaut

Natürlich sollte er nach dem Willen der Bauherren ein stolzer, gerade stehender Glockenturm werden, als man 1173 den Grundstein legte. Doch daraus wurde nichts. Die Legende besagt, dass die Stadtväter den Baumeister um seinen Lohn prellen wollten, woraufhin dieser seinem Bauwerk befahl, ihm zu folgen – und der Turm stand fortan schief. Überliefert ist jedoch, dass sich der Kampanile bereits Ende des 12. Jhs., kurz vor seiner Fertigstellung, beunruhigend zur Seite neigte. Allen Maßnahmen, die im Laufe der Jahrhunderte ergriffen wurden, zum Trotz vergrößerte sich die Schieflage von Jahr zu Jahr und erreichte schließlich einen Überstand von 4,5 m. Die Ursache für die Schieflage ist der weiche Untergrund, denn Pisa liegt im Schwemmlandgebiet der Arnomündung.

Stabile Schräglage

Zu Beginn der 1990er-Jahre hatte sich der Neigungswinkel des Turmes so bedrohlich verändert, dass das Bauwerk aus Sicherheitsgründen geschlossen werden musste. Um ihre wichtigste Einnahmequelle nicht zu verlieren, mussten die Pisaner Maßnahmen ergreifen. Mit internationaler Hilfe fand man eine Möglichkeit, den Turm wieder aufzurichten. Unter der (höheren) Nordseite wurden dazu 30 Tonnen Erde entfernt, während man den Turm mit Bleigewichten beschwerte und mit Stahlseilen sicherte. Kostenpunkt für die aufwändige Maßnahme: rund 55 Milliarden Lire. Auch nach der Sanierung hat der Kampanile wieder seinen ›alten‹ Überstand von knapp 4,5 m, Einsturzgefahr besteht jedoch nicht mehr.

Mächtige Seehandelsstadt

Pisa ist nach Siena und Florenz die dritte große Kunststadt in der Toskana. Ihre

▲ Pisa: Santa Maria della Spina ...

▼ ... und Palazzo dei Cavallieri

▼ Man sitzt gemütlich auf den Brücken von Pisa

▼ Das Arno-Ufer im Kerzenlicht als Auftakt zur Festa di San Ranieri

▲ Im Borgo Stretto, Pisas Haupteinkaufsstraße

wechselvolle Geschichte spiegelt sich im Stadtbild wider. Der ›Platz der Wunder‹ mit Dom, Baptisterium und Schiefem Turm markiert die Blütezeit der Stadt zwischen dem 11. und 13. Jahrhundert. Entlang des Arno dokumentieren noble Stadtpaläste den einstigen Reichtum der alten Handelsstadt, die sich im 15. Jh. unter die Herrschaft von Florenz begeben musste. Die Medici hatten ihr ab dem 16. Jh., als Pisa zum Großherzogtum Toskana gehörte, den Bau von Brücken und Kanälen verordnet. Zum Schutz vor permanent drohenden Überschwemmungen und zur Belebung der innerstädtischen Struktur.

Heute hat Pisa auf manchen Gebieten die Nase gegenüber Florenz vorn, etwa

SPECIAL

Die ›Fleckenmaler‹

Um das Jahr 1856 traf sich im Café Michelangelo in der Via Larga – heute Via Cavour – in Florenz eine Künstlergruppe. Von der akademischen Malerei, wie sie an den Schulen Europas gelehrt wurde, hatten sie sich abgewandt und waren stattdessen ihrem Lehrer und gebürtigen Livorneser Giovanni Fattori (1825–1908) gefolgt. Fattori vertrat eine völlig neue Malweise, bei der nicht mit Umrisszeichnung gearbeitet, sondern Farbflecken zu einem lockeren Flächenzusammenhang verbunden wurden. Ebenso ungewöhnlich für damalige Verhältnisse waren ihre realitätsnahen Motive, die vor allem das Alltagsleben widerspiegelten, so zum Beispiel Porträts von Bauern, Kühe auf der Weide, Landschaftsansichten oder Badeszenen an der Maremma-Küste. Auf Anerkennung beim zeitgenössischen Publikum durfte man damit nicht hoffen. Die kunstbeflissene vornehme Gesellschaft sah in ihnen denn auch keine ernst zu nehmenden Künstler und bedachte sie mit dem Spottnamen ›macchiaioli‹, der sich von dem italienischen Wort ›macchia‹ für Fleck herleitet. Auch Modigliani, der ebenfalls aus Livorno kam, lernte, bevor er nach Paris ging, in der Schule der Macchiaioli. Heute ist der Stellenwert dieser Malergruppe um Fattori und ihr Beitrag zur modernen Malerei allgemein anerkannt. Ihre Werke hängen deshalb nicht nur in Livorno, sondern auch in zahlreichen berühmten Museen der Welt.

▲ Marciana, ein Bergdorf auf Elba

▼ Großstädtisch gibt sich Livorno in der Via Cairoli

▼ Kleinvenedig heißt dieses Viertel in Livorno

▼ Napoleons Residenz auf Elba: die Villa dei Mulini oberhalb von Porto Ferraio

▼ *Elba aus der Nähe: Via Camerini in Portoferraio*

wenn es um die Verkehrsanbindung geht. Denn Pisa, das mittlerweile nicht mehr an der Küste, sondern 10 km vom Meer entfernt am Arno liegt, besitzt den wichtigen Flughafen, den Florenz so gern gehabt hätte. Außerdem zählt die Universität von Pisa, die bereits im 16. Jh. gegründet wurde, zu den beliebtesten und besten in Italien.

Fisch à la carte

Zugegeben, ein bisschen Italienisch sollte man schon können, dann sind die Worte schnell gewechselt auf den Märkten in den Küstenstädtchen. ›Das ist frischer Stockfisch, Signore‹, sagt der Mann mit der dunkelblauen Strickjacke und der rosafarbenen Schirmmütze, während er an einem Zigarrenstummel kaut. ›Wie bereitet man den zu?‹ ›Den Fisch habe ich schon gewässert. Sie müssen ihn nur noch häuten und entgräten, mit Knoblauch einreiben, natürlich salzen und pfeffern, in Mehl wenden und in heißem Olivenöl anbraten. Va bene!‹. Aha, so einfach ist das also. Na dann, ab in die Küche!

Die Angebote auf den Fischmärkten an der Küste sind verlockend, und wer, wie viele Urlaubsgäste, in Ferienwohnungen untergebracht ist, sollte es nicht bei sehnsüchtigen Blicken belassen. Fisch im Restaurant zu essen, ist in Italien kein billiges Vergnügen. Es gibt viele Antonios und Stefanos, die in Castiglione, in Livorno oder anderswo direkt von ihrem Kutter die Meerestiere verkaufen und ihren Kunden gerne noch ein Rezept mit auf den Weg geben. Die ganz einfachen Gerichte wie zum Beispiel die klassischen ›vongole‹, die Venusmuscheln frisch aus der Pfanne, schmecken oft am besten. Wer sich ein bisschen länger mit den Fischern vor Ort unterhält, erfährt vielleicht ganz nebenbei auch noch, wann das nächste Fischerfest ›Sagra del pesce fritto‹ stattfindet, wo sich alles um die frittierten Fische dreht.

Berühmtester Gast auf Elba: Napoleon

▲ *Camping mit Pool in ›Rosselba le Palme‹ auf Elba*

▼ *Im Hafen von Marciana Marina*

▲ *Auch Bogenschießen gehört auf Elba ...*

▲ Strandbucht bei Biodola

▼ ... ebenso zum Sportangebot wie Rad fahren

Napoleons Paradies

Steil ist der Weg und beschwerlich, dafür aber wildromantisch. Hoch hinauf in die Berge durch einen dichten Wald ist auch Napoleon gestiegen, allerdings heimlich, um dort an der Kirche Madonna del Monte seine polnische Geliebte, Gräfin Maria Walewska, und den gemeinsamen Sohn Alexander zu treffen. Die Verschwiegenheit war angebracht, denn Napoleons Gattin Marie Louise hatte ihren Besuch auf der Insel avisiert. Außerdem fürchtete der ehemalige Feldherr um seinen Ruf. Am 4. Mai 1814 war er nach seiner Abdankung in Fontainebleau auf Elba an Land gegangen. Für ein knappes Jahr wurde die Villa in San Martino oberhalb von Portoferraio sein Refugium. Napoleon war nicht gekommen, um sich demütig vor der Welt zurückzuziehen. Im Gegenteil. In der kurzen Zeit auf Elba baute er eine Verwaltung auf, sorgte dafür, dass der Obst- und Weinanbau aufblühte und regte erneut die Förderung von Eisenerz an.

Schätze unter dem Boden

Dass Elba über die unterirdischen Schätze verfügte, wusste man allerdings schon lange vor Napoleon. Schon in der Bronzezeit ließen sich hier ligurische Siedler nieder, die von den reichen Bodenschätzen profitierten, und auch Römer und Etrusker beuteten die Gruben aus. Herrschaftshäuser stritten ständig um die Insel, die zunächst den Medici und später den Habsburgern gehörte, bevor sie 1799 an Frankreich ging. Napoleon wusste sehr gut, wo er gelandet war.

Zu Beginn des 20. Jahrhunderts wurden in Portoferraio noch jährlich 200 000 Tonnen Roheisen produziert, 1982 schloss das letzte Werk. Der Bergbau auf Elba wiederum brachte die Industrie hervor, die heute noch die Küstenorte Piombino (abgeleitet vom italienischen Wort ›piombo‹ für Blei) und Populonia prägen.

Auf Hochöfen und Walzwerke hat Napoleon damals noch nicht geblickt, auch sonst hat ihn sein Inselaufenthalt nicht verzagen lassen. In seinem Domizil in San Martino ist von ihm eine kurze Notiz überliefert, die er an die Wand geschrieben hat und die soviel heißt wie: ›Wo immer ich bin, bin ich glücklich‹.

Maßstab 1:350.000
0
5 km
30
PISA
Duomo
La Torre pendente
1
Tenuta di S.Rossore
Cascine Vecchie
Arno
Marina di Pisa
Tenuta di Tombolo
Tirrénia
Calambrone
Tenuta di Coltano
Ospedaletto
Vicarello
Collesalvetti
Mortaiolo
Guasticce
Stagno
Ghezzano
Mezzana
Campo
Ripoli
Asciano
Agnano
Calci
Gabella
Certosa di Pisa
Buti
Bientina
Quattro Strade
VICOPISANO
Resti di fortificazioni
Ulivato Terme
Riglione
Navacchio
Visignano
S.Lorenzo
CASCINA
Città medioevale
S.Giovanni alla Vena
Calcinaia
Marciana
PONTEDERA
S.Lucia
Gello
Lavaiano
PONSACCO
La Rotta
Treggiaia
Arnaccio
Lavoria
Cenaia
Valtriano
Crespina
Sibéria
Lari
Cévoli
Capannoli
Fáuglia
Torretta
Usigliano
Casciana Alta
CASCIANA TERME
Morrona
Terricci
Lorenzana
Laura
Luciana
Crocino
Pieve Vecchia
Orciano Pisano
Rivalto
Chianni
Pieve di S.Luce
S.Luce
Póggio Biancandlo
Pástina
Pod.Sterza
Villa Rosavita
2
LIVORNO
Salviano
Castello Anselmo
S.Martino
Parrana
S.Giusto
Colognole
Marmigliaio
Gabbro
Nibbiáia
Ardenza
Antignano
Montenero
Santuario
M.Burrone
Calafúria
Villa d.Romito
Quercianella
Castelnuovo Misericordia
Paltratico
Chiappino
Castellina Maritt.
3
CASTIGLIONCELLO
Rosignano Maritt.
Caletta
Rosignano Solvay
Strada del Vino
Nocolino
Riparbella
Rosignano Marittimo
S.Giuseppe
Collemezzano
Vada
Secche di Vada
S.Pietro in Palazzi
CÉCINA
Marina di Cécina
C.Giusti
Montescudáio
Guardistallo
Casale Maritt.
M.Pozzácchera
La California
Bibbona
Marina di Bibbona
Forte Bibbona
S.Guido
Bólgheri
Póggio al Prun
il Palone
Madonnina
Villa le Sabine
Marina di Castagneto Donorático
Donorático
Torre Segalari
Villa Margherita
CASTAGNETO CARDUCCI
Casone
C.Rossa
Maremma Pisana
Sassetta
S.Vincenzo
M.Calvi
S.Carlo
Rocca di S.Silvestro
Prata
Riva d.Etruschi
CAMPÍGLIA MARITTIMA
C.Cavalleggeri
Rimigliano
Caldana
Venturina
Staz.di Campiglia Maritt.
Porto Baratti
Populónia
Tombe etrusche
Pupluna (Città etrusca)
Parco Arch. di Baratti e Populonia
Torre del Sale
Salivoli
Marina di Salivoli
Noemi
Porto Vecchio
la Rocchetta
PIOMBINO
Canale di Piombino
Golfo di Follónica
I.Cérboli
Torre Nuova Scala
Í.di Gorgona
Catania
Bastia
Porto-Vecchio
Golfo Aranci
Ólbia
Cágliari
Trápani
Palermo
Capráia
Bastia (Corse)
Piombino
ÍSOLA D'ELBA
4
C.d'Enfola
PORTOFERRÁIO
C.Vita
I.d.Topi
I.Palmaiola
Cavo
M.Serra
S.Caterina
Rio nell'Elba
Rio Marina
Bagnáia
Viticcio
Scaglieri
Marciana Marina
S.Andrea
Zanca
P.Polveráia
Marciana
Poggio
Mad.d.Monte
Colle d'Orano
Procchio
Le Grotte (Villa romana)
Villa Napoleone
Ottone
Volterraio
Mad.di Monserrato
P.delle Cannelle
Porto Azzurro
Naregno
P.Nera
M.Capanne
Chiessi
Pomonte
Campo nell'Elba
S.Ilário in Campo
S.Piero in C.
Seccheto
Fetováia
Cavoli
P.di Fetováia
Marina di Campo
G.di Campo
C.di Poro
la Pila
Lacona
G.di Lacona
G.Stella
Mad.d.Grazie
Capoliveri
Pianosa
Palazzo
P.dei Ripalti
Gorgona
I.di Capráia
P.d.Téia
M.Castello
Castello S.Giorgio
d.Trattóio
S.Stéfano
M.Arpagna
P.d.Zenóbito
Isola d'Elba
Bastia (Corse),Ólbia
I. di Capráia
Bastia (Corse)

Infos

Die Bogenreihen der Domfassade wiederholen sich am gegenüberliegenden Battistero

PISA 1

Wenn der Name Pisa fällt, denkt jeder unweigerlich an den Schiefen Turm, der ja in der Tat das Wahrzeichen der Stadt am Arno darstellt. Doch Pisa (92 000 Einw.) besitzt noch viele andere Baudenkmäler, eine sehenswerte Altstadt und gute Einkaufs- und Ausgehmöglichkeiten. Obwohl die Stadt dank ihrer vielen Studenten eine ausgesprochen jugendliche Atmosphäre verströmt, blickt sie auf eine lange Geschichte zurück. Im 6. Jh. v. Chr. als griechische Gründung entstanden und in römischer Zeit ein Hafen, stieg Pisa ab dem 11. Jh. zu einer der mächtigsten Handelsstädte am Mittelmeer auf. Mit der Niederlage gegen die Genueser Flotte 1284 endete Pisas Höhenflug und auch die politische Selbstständigkeit. 1406 wurde die Stadt von der Erzrivalin Florenz eingenommen und kam so im 16. Jh. zum Großherzogtum Toskana.

Dombezirk und Schiefer Turm: Obwohl über 200 Jahre vergingen, bis Dom, Baptisterium und Schiefer Turm vollendet waren, ist die TOP ZIEL **Piazza dei Miracoli**, der ›Platz der Wunder‹, ein geschlossenes Gesamtkunstwerk. Stilbildend für zahlreiche Kirchen in der Toskana wirkte der **Duomo Santa Maria** (11.–14. Jh.) in pisanisch-romanischem Stil, eine Kombination aus basilikalem Langhaus mit dreischiffigem Querhaus und Kuppel. Herausragend im Inneren des Doms sind die reich verzierte Kanzel von Giovanni Pisano (1302 bis 1311), die Marmorinkrustationen und die eindrucksvollen Kapitelle. Das **Baptisterium** (1153 begonnen), eine der größten Taufkirchen der Christenheit, vereint romanische und gotische Stilelemente. Das Taufbecken stammt von Guido Begarelli aus Como (1246), die Kanzel von Nicola Pisano (1260) gilt als Hauptwerk der romanischen Bildhauerei in Italien. Der 1173, knapp ein Jahrhundert nach dem Dom begonnene Kampanile, besser bekannt als der **Schiefe Turm**, erlangte wegen seiner starken Neigung Weltberühmtheit. Von der Domfassade übernahmen die Baumeister des 57 m und sechs Stockwerke hohen Glockenturms die Säulenarkaden, die wie eine zweite Haut vor die Wand gelegt sind. Seit die extreme Schieflage des Turms korrigiert und der Bau stabilisiert werden konnte, ist er wieder zugänglich (kleine Gruppen, Kinder erst ab acht Jahren, Vorbestellung unter www.opapisa.it).

Zum Platz der Wunder gehören weiterhin der **Camposanto** (Friedhof; ab 1278), dessen Freskenschmuck bei einem Bombenangriff 1944 großenteils zerstört wurde, und das **Museo delle Sinopie**, wo die Vorzeichnungen für die Fresken im Camposanto gezeigt werden. Im **Museo dell'Opera del Duomo** werden Kunstwerke aus dem Dom wie Gemälde, Wandteppiche, Kruzifixe u. a. aufbewahrt. Öffnungszeiten Dom: Sommer tgl. 10.00 – 19.30, Winter tgl. 10.00 – 12.45 und 15.00 –16.45 Uhr. Baptisterium: Sommer tgl. 8.00 –19.30, Frühjahr/Herbst 9.00 – 17.30, Winter 9.00 – 16.40 Uhr. Camposanto: wie Baptisterium. Museo dell'Opera del Duomo: Sommer tgl. 8.00 – 19.20, Frühjahr/Herbst 9.00 – 17.20, Winter bis 16.20 Uhr. Schiefer Turm: März –Okt. 8.00– 20.00, sonst 9.30 bis 17.00 Uhr.

Für den Eintritt in die Gebäude kann man ein Sammelticket erwerben, das am Ticketschalter in der Dombauhütte erhältlich ist.

Altstadt: Nur wenige Gehminuten vom Dombezirk entfernt erreicht man den ›Platz der Ritter‹ (**Piazza dei Cavalieri**), der von herrlichen Renaissancebauten umstanden ist: dem Sgraffiti geschmückten **Palazzo dei Cavalieri** (1562, davor das Standbild des Großherzogs Cosimo I. von 1596), dem **Palazzo dell'Orologio**, 1607 aus zwei Turmbauten entstanden, und der 1569 von Giorgio Vasari erbauten Kirche **Santo Stefano dei Cavalieri**. Durch die Via S. Frediano Curtatone, die auch die hübsche **Piazza Dante** mit dem Universitätsgebäude und netten Studentencafés streift, geht es zum Arnoufer (**Lungarno**), wo sich stolze Patrizierpaläste aneinander reihen (u. a. Hotel Victoria, Lungarno Nr. 12). In einem dieser Paläste ist das **Museo Nazionale di Palazzo Reale** untergebracht (Gemälde). Ebenfalls am Lungarno, allerdings einige Hundert Meter östlich, hat das **Museo Nazionale di San Matteo**, eine der bedeutendsten Kunstsammlungen der Toskana, seinen Sitz. Zu seinen Schätzen gehört u. a. ein 43-teiliger Altar von Simone Martini (1320; geöffnet Di. – Sa. 8.30 – 17.30, So. 8.30 bis 13.30 Uhr). Eines der jüngsten Museen von Pisa liegt westlich des Zentrums am Arnoufer, wo man 1998 die Reste eines etruskischen und römischen Hafens entdeckte **(Arsenali medicei)**. Auf dem Weg dorthin sieht man am gegenüberliegenden Arnoufer die kleine, aber reich gestaltete gotische Kirche **Santa Maria della Spina**, ursprünglich eine Gebetshalle für Reisende und Flussschiffer.

Speisesaal im Hotel Royal Victoria

Einkaufen: Im **Borgo Stretto**, der schmalen Straße im Zentrum von Pisa, und in den abzweigenden Gassen findet man viele schöne kleine Geschäfte für Mode und Accessoires, einladende Cafés und Restaurants. Buchläden und Antiquariate gibt es vor allem an der Piazza Dante und Umgebung.

Restaurants: Teure Verführungen: Im **Caffè Pasticceria Salza** in der Via Borgo Stretto 44,

TIPP

Ohne Gedränge

Die Piazza dei Miracoli in Pisa ist ein Touristenziel allerersten Ranges – entsprechend groß ist der Andrang der Besucher. Wer einen unverstellten Blick auf das grandiose Ensemble genießen will, sollte sich zu ungewöhnlicher Uhrzeit dorthin begeben, am besten früh morgens oder spät abends.

SPECIAL

Spaghetti mit frischen Muscheln

Vongole

Fisch oder Meeresfrüchte im Restaurant zu essen, ist auch in Italien kein billiges Vergnügen. Das zum einen. Zum andern lassen sich einige Gerichte, wie etwa die klassischen Vongole, leicht selbst kochen. Mit der folgenden Anleitung dürfte dies auch ungeübten Köchen gelingen.

Die Muscheln unter fließendem Wasser gründlich abspülen und bürsten. Bereits geöffnete Muscheln aussortieren. Zusammen mit einem Glas Weißwein solange in einer Pfanne kochen, bis sich alle Schalen geöffnet haben. Muscheln, die sich nicht öffnen, wegwerfen. In einer anderen Pfanne drei gehackte Knoblauchzehen und einen großen Bund Petersilie, ebenfalls gehackt, in Öl andünsten, ein Pfund gehäutete und in kleine Würfel geschnittene Tomaten dazugeben, mit Salz und Pfeffer abschmecken und eine Viertelstunde einkochen lassen. Den Fond mit den Vongole vermischen und sofort servieren. Natürlich kann man diesen Leckerbissen auch mit Spaghetti essen. Buon Appetito!

locken Biskuit-Torten und Pralinés aller Art. Im Studentenviertel in der Via San Frediano 16 liegt das **Mescita**, eine moderne Osteria mit einfacher, aber guter toskanischer Küche zu erschwinglichem Preis, Tel. 050 54 42 94.

Unterkunft: Das am Arnoufer gelegene **Royal Victoria** ist eine Adresse für Nostalgiefans. Das charmante Traditionshaus, seit 1839 in Familienbesitz, setzt bewusst auf sparsamen Komfort und eine persönliche Atmosphäre. Via Lungarno Pacinotti 12, Tel. 050 94 01 11, Fax 050 94 01 80, DZ 150 €. Ein kleines, preiswertes Stadthotel ist das **Gronchi** (ohne Restaurant), Piazza Archivescovado, Tel. 050 56 18 23, DZ ohne Frühstück 35 €.

Veranstaltungen: Am 16. Juni, bei der **Luminaria di San Ranieri**, werden alljährlich entlang des Arno in Fenstern und auf Mauern Tausende von Lichtern aufgestellt. Am 17. Juni findet dann die historische **Ruderregatta** auf dem Arno statt.

LIVORNO ②

Das südlich von Pisa gelegene Livorno (162 000 Einw.) ist eine Fischer- und Hafenstadt, in der die Fähren nach Korsika, Elba, Sizilien und nach Nordafrika an- und ablegen.

Sehenswert: Die Hafenstadt, einst das Tor der Toskana zu den Weltmeeren, fällt durch krasse Gegensätze zwischen Arm und Reich auf. Im Zentrum dominieren breite Straßenzüge und pompöse Gebäude, oft mit Marmor verkleidet und häufig von Banken und teuren Geschäften besetzt. Mittelpunkt ist der Domplatz – die Bischofskirche wurde 1943 wieder aufgebaut –, an dem sich die beiden Hauptgeschäftsstraßen, Via Cairoli und Via Grande, kreuzen. Eine ganz andere Welt betritt man dagegen zwischen den Befestigungsanlagen, wo der alte Stadtteil Venezia liegt, der von urigen Kneipen und Fischständen geprägt ist.

Museum: Die Stadt besitzt eine bedeutende Sammlung der Künstlergruppe ›Macchiaioli‹ um den Maler Giovanni Fattori (1825 – 1908) wie auch um Amadeo Modigliani (1884 bis 1920), dem berühmten Sohn der Stadt. **Museo Civico**, Villa Mimbelli, Via San Jacopo in Aquaviva. Di. – So. 10.00 – 19.00 Uhr.

Restaurant: Besonders gut schmeckt hier, wo es in der Hauptsache Fisch gibt, die gemischte Fischplatte (›fritto misto‹): **Antico Moro**, Via Bartelloni 59, Tel. 05 86 88 46 59, Mi. geschl.

ⓘ APT, Via Cammeo 2, Tel. 050 56 04 64
E-Mail: aptpisa@turismo.toscana.it

Etwa drei Stunden braucht die Fähre von Livorno nach Elba

CASTIGLIONCELLO ③

Der beliebte Badeort liegt an der Riviera degli Etruschi, die südlich von Livorno beginnt und hinunterreicht bis in die Maremma, bis zum Monte Argentario. Unvergleichlich schön ist der Pinienwald dicht hinter den Stränden und Dünen, die abwechslungsreiche Küstenlandschaft und die romantischen Orte im Hinterland wie etwa das Bergdorf Rosignano Marittimo. Castiglioncello ist ein verträumter Küstenort mit kleinen Geschäften und Cafés in einer wunderschönen Bucht, in der sich Hotels und schmucke Sommervillen hinter hohen Pinien verbergen.

Restaurant: Den Ausflug in das Bergdorf Rosignano Marittimo sollte man mit einem Essen in der **Trattoria Gattabuia**, Via Gramsci 32, Tel. 05 86 79 97 60 verbinden – gutes Preis-Leistungsverhältnis!

Unterkunft: Hier hat man als Tourist die Chance, ein Hotel mit direktem Zugang zum Strand zu finden, so z. B. bei der **Villa Godilonda**, Via Biagi 16, Tel. 05 86 75 20 32, godilonda@tiscalinet.it, DZ ab 110 € ohne Frühstück. Preiswerter und direkt am breiten Sandstrand liegt der Campingplatz **Tripesce** in Vada. Tel. 05 86 78 80, Fax 05 86 78 91 59.

Aktivitäten: Die Wassertemperaturen sind an der gesamten etruskischen Riviera bereits ab Anfang Juni angenehm. Baden ist an den Sandstränden am schönsten, in den kleinen Felsbuchten kann man dagegen auch herrlich schnorcheln oder tauchen. Kurse und entsprechende Ausrüstung erhält man bei Chioma Beach Diving Center, Via Aurelia km 300/Liodo del Chioma, Tel. 05 86 75 46 35, E-Mail: chioma@iol.it

Umgebung: **Vada** ist wegen seiner ausgedehnten Strände ein beliebter Badeort im Süden von Castiglioncello.

ⓘ Ufficio Informazioni, Via Aurelia 967,
Tel. 05 86 75 22 91, Fax 05 86 75 24 94,
E-Mail: castiglioncello@multinet.it

Infos

Stattliches Bauernhaus auf Elba

Elba 4

Die größte der toskanischen Inseln ist zugleich die bekannteste und meistbesuchte, ein Ferienparadies dank herrlicher Badestrände, einer abwechslungsreichen Inselnatur und einer gut ausgebauten Infrastruktur. Der Name der 223 km² großen Insel geht auf die Etrusker zurück. Sie nannten sie Ilva (Eisen), für die Griechen war es die Rußinsel (›aethalia‹). Auf Elba werden seit mindestens 1000 v. Chr. Mineralien abgebaut. Auch heute gibt es noch Tagebau rund um Rio Marina an der Ostküste, wo Edelsteinschleifereien ihren Sitz haben und Schmuck hergestellt wird. In Portoferraio, der größten Stadt auf Elba, wird der Besucher an vielen Stellen an Napoleon erinnert, der auf der Insel ein knappes Jahr in der Verbannung lebte.

Portoferraio: Im ›Eisenhafen‹, einem hübschen Städtchen mit 12000 Einwohnern an der Nordküste Elbas, legen die Fähren vom Festland (Piombino) an. Den Ankömmlingen rückt zunächst die mächtige Befestigungsanlage ins Blickfeld, ein Paradebeispiel für die Militärarchitektur der Renaissance, 1548 von Cosimo I. de Medici errichtet. An teils mondänen Jachten im Fischereihafen vorbei gelangt der Besucher in die hübsche Altstadt mit der **Chiesa della Misericordia**, wo eine Totenmaske des Kaisers aufbewahrt und alljährlich am 5. Mai die Totenmesse für Napoleon gelesen wird. Die Stadtresidenz des Feldherren, die **Villa dei Mulini** (geöffnet Mo. bis Sa. 9.00 – 19.00, So. bis 13.00 Uhr) beherbergt dessen persönliche Bibliothek mit 2000 Werken. Auch Originalmöbel sind zu sehen sowie das prächtige Bett Napoleons. Von der Piazza Napoleone vor der Villa dei Mulini hat man die beste Aussicht zum **Forte Falco** und auf das sternenförmige **Forte Stella**, das der Garde Napoleons als Domizil diente, sowie zum **Leuchtturm** (1788). Mosaikfragmente und Alltagsgegenstände aus der Antike, aber auch Amphoren aus gesunkenen Wracks sind im **Museo Archeologico** am Darsena-Hafen zu sehen (geöffnet tgl. 9.30 – 12.30 und 16.00 – 19.00, im Sommer bis 24.00 Uhr).

Umgebung von Portoferraio: 6 km in östlicher Richtung sind in dem Ort **Le Grotte** die Ruinen einer römischen Villa zu besichtigen. In das Schwimmbad der Villa Romana sprudelte sogar heißes Wasser. Die Sommerresidenz Napoleons liegt etwa 6 km südwestlich von Portoferraio am Monte San Martino (**Villa San Martino**; geöffnet im Sommer Mo. – Sa. 9.00 – 19.00, So. 9.00 – 13.00, sonst Mo. – Sa. 9.00 – 16.00 Uhr). Am Hang des Berges residierte der russische Fürst Anatoli Demidoff, der hier eine Villa im neoklassizistischen Stil errichtete (**Villa Demidoff**).

Weitere Sehenswürdigkeiten: Die mittelalterliche Felsenburg **Volterraio** thront östlich von Portoferraio auf einem Hügel. Sie wurde 1284 errichtet und im 17. Jh. ausgebaut. Mineralienfreunde kommen im Rathausmuseum in **Rio Marina** auf ihre Kosten (geöffnet Mai – Sept. Mo – Sa. 9.00 – 12.00, 15.00 bis 18.00, So. 9.00 – 12.30 Uhr). Wein von der Insel – Roten und Weißen – kann man inmitten von Weinbergen und in Meeresnähe bei Magazzini östlich von Portoferraio auf dem Gut **La Chiusa** probieren und kaufen (April bis Okt. Mo. – Sa. 9.30 – 11.30 Uhr und 17.00 bis 19.00, im Winter 16.00 – 17.00 Uhr). Das zweitgrößte Hafenstädtchen Elbas liegt im Osten: **Porto Azzurro**. Von hier aus lassen sich Tagesausflüge mit dem Boot auf nahe gelegene Inseln unternehmen. Hauptanziehungspunkt an der Südküste ist **Marina di Campo**, das Badeziel schlechthin auf Elba.

Restaurants: In der Altstadt von Portoferraio kann man in der familiären Trattoria **La Barca** typische Gerichte Elbas genießen und im Freien speisen (Tel. 0565 91 80 36). Nicht billig, aber lecker sind die Fischspezialitäten im **La Caravella** im Hafen von Porto Azzurro (Tel. 056 59 50 66). In Marina di Campo isst man hervorragend und günstig bei **Da Gianni**, Loc. La Pila, im Flughafengebäude, einer echten Trattoria (Tel. 0565 97 69 65). In Capoliveri ist **Il Chiasso** ein charakteristisches, kleines Lokal der Einheimischen mit landestypischen Spezialitäten (Tel. 0565 96 87 09).

Unterkunft: In Portoferraio kann man wunderbar in der **Locanda San Martino** übernachten, die in einer Jugendstilvilla residiert, mitten in einer Parkanlage steht und über einen eigenen Strand verfügt, Tel. 0565 91 85 02, DZ 100 €. Wer den Trubel in den Orten an der Nord- und Ostküste scheut, ist in der lauschigen Felsenbucht von Lacona im Süden an der richtigen Adresse. Das Familienhotel **Residenzia Lacona**, Capoliveri, Tel. 05 65 96 40 54, bietet Doppelzimmer mit Halbpension ab 160 € an. Etwas einfacher, aber auch schön ist die **Locanda Patresi** in Bel Tramonto, Marciana, an der Westspitze der Insel etwas oberhalb der Küste. Neben einem großen Garten gibt es ein Schwimmbad, ein Solarium und ein Restaurant, Tel. 0565 90 80 27, www.valverdehotel.it, DZ 120 €.

Aktivitäten: Die meisten Badelustigen tummeln sich im Süden der Insel am breitesten Strand Elbas in **Marina di Campo**. In dem Mekka für Wassersportler gibt es Segel-, Surf- und Tauchschulen. Aber auch andere Strände in Richtung Westen bieten feinkörnigen Sand, zuweilen kann man auch auf kleinen Pfaden aus dem hügeligen Gelände hinab ans Meer steigen und findet in kleinen Buchten seine Ruhe. Bei **Seccheto** gibt es eine geologische Rarität. Hier kann man in natürlichen Schwimmbecken aus Granit baden.

ⓘ Agenzia per il Turismo dell'Arcipelago Toscano, Calata Italia 26, 57037 Portoferraio, Tel. 0565 91 46 71/2, Fax 0565 91 63 50, www.arcipelago.turismo.toscana.it

TIPP

Bikertreff

Mountainbiker lieben Elba, weil es dort einige interessante Routen gibt. Jedes Jahr im Oktober treffen sich Biker aus aller Welt zum ›Granfondo Elba Ovest‹, das von Marina di Campo veranstaltet wird. Anmeldung unter Tel. 0565 97 80 04.

TIPP

Wanderschuhe anziehen

... heißt es für alle, die den 1018 m hohen Monte Capanne erobern wollen. Als Ausgangspunkte für eine Wanderung auf Elbas höchsten Gipfel empfehlen sich Poggio oder das im Westen gelegene Dorf Marciana, ein alter Ort mit verwinkelten Gassen und den Resten einer pisanischen Festung. Außerdem ist er das Zentrum der Weinproduktion auf Elba. Besonders schön ist der Aufstieg im Herbst, wenn die Kastanienwälder rund um Marciana sich rot färben. Etwa 2,5 bis 3 Stunden muss man für die Wanderung einplanen – oder aber nur 20 Minuten, wenn man die Seilbahn Cabinovia nimmt (Talstation kurz hinter dem Ortsausgang von Marciana Alta). Gipfelstürmer werden mit einem atemberaubenden Panoramablick belohnt!

Die Schöne am Arno

Für jeden, der das erste Mal nach Florenz kommt, ist der Blick von der Piazzale Michelangelo oder von der benachbarten Kirche San Miniato al Monte ein unvergessliches Erlebnis. Vor dem Betrachter, auf der anderen Seite des Arno, liegt wie ein breites Tableau die Stadt, ein Meer von ockerfarbenen Fassaden und roten Dächern, beherrscht von einem einzigen überragenden Bauwerk, dem Dom. Selbst der Turm des Palazzo Vecchio, dem einstigen Zentrum der weltlichen Macht, wirkt dagegen bescheiden.

Gute Aussichten: Von San Miniato al Monte am südlichen Arnoufer bietet sich ein traumhafter Blick auf Florenz.

▲ *Die Arno-Stadt bei Nacht* ▼ *Markanter Blickfang im Stadtpanorama: die Domkuppel* ▶ *Kampanile des Doms*

▲ *Bronzetür am Baptisterium* ▼ *Ciao ragazzi!*

Ein winziges Schaufenster, zugestellt mit Marienfiguren und Bilderrahmen, deren Goldfarbe bereits abbröckelt. Die Glasscheiben der verschnörkelten Holztür sind nahezu blind. Ein Glockenspiel über der Tür begrüßt den Eintretenden, der sich inmitten von abgewetzten und durchgesessenen Stühlen wiederfindet. Am Boden stehen Truhen und in einer Ecke stapeln sich Pappkartons mit Türgriffen, Scharnieren, Kerzenständern und gusseisernen Schlössern. Aus einer Ecke tönt ein leises ›buongiorno, Signore‹. Erst jetzt entdeckt man am Ende des Raums hinter einem Lämpchen den Inhaber von ›Antichità e restauro‹. Mit einem Messer kratzt er an einer Holzstatue.

Handwerk mit Tradition

Seit Generationen werden hier, in den Vierteln Santo Spirito und San Frediano, die Hinterlassenschaften der letzten Jahrhunderte restauriert. Von Vater zu Sohn werden die Fertigkeiten überliefert, die für einen Tischler, Polsterer, Schlosser, Stuckateur oder Vergolder im 15. Jh. noch ganz selbstverständlich waren. Um den Nachwuchs muss sich die Restauratorenzunft keine Sorgen machen, denn die Ausbildungsplätze in Florenz sind begehrt. Oft kommen die Lehrlinge aus anderen europäischen Ländern oder aus Übersee.

Der Handel blüht

Auf dem Sektor der Antiquitäten gibt es nichts, was es nicht gibt. Benötigt man das Äquivalent eines alten Messingbeschlages? Fehlt der Schlüssel einer Kommode? Oder soll es eine bestimmte Heiligenfigur sein? Wenn das passende Stück nicht vorhanden ist, kennen die ›antiquari‹ Mittel und Wege oder den entsprechenden Handwerker, der das gefragte Stück detailgetreu anfertigt. Es darf nicht neu aussehen, auch dafür gibt es Techniken. Vieles wird allerdings inzwischen über das Internet abgewickelt oder über Versteigerungen, die Christies, Sotheby's oder das Florentiner Auktionshaus Pitti abhalten. Auch Entbehrliches aus Adelshäusern kommt unter den Hammer, doch davon erfahren nur die besonders wohlhabenden Klienten. Den florierenden Handel halten Kunstberater in Schwung, und selbst in konjunkturell

▲ Michelangelos ›David‹ in der Galleria dell' Accademia

▲ Im Hof der Uffizien

▲ Piazza della Signoria

▼ Kolonnaden an der Piazza della Repubblica

▼ Moderne Kunst im Museo Marino Marini

schwierigen Zeiten gibt es Käufer, die auf Originale aus florentinischen Palästen scharf sind. Mehr denn je sind da die Experten gefragt, die Falsches von Echtem zu unterscheiden wissen. Und nicht zuletzt ist eine Einheit der florentinischen Polizei unterwegs, um dubiose Geschäfte aufzudecken, den Kunstschmuggel zu unterbinden und den Ausverkauf von Kulturgut zu verhindern. Wer kann schon kontrollieren, wenn wieder eine echte Madonna einfach so in den Kofferraum einer schweren Limousine wandert?

SPECIAL

Kunst am Fuß

Gibt es einen besseren Ort, um Schuhe und Lederwaren zu kaufen als Florenz? Wohl kaum. Einer, der wesentlich dazu beigetragen hat, ist Salvatore Ferragamo. Ferragamo, der 1927 eine Werkstatt in Florenz eröffnete, setzte auf ausgefallenes, schrilles Design – Schuhe mit durchsichtigen Keilabsätzen, goldenen Bändern oder in grellem Pink begründeten seinen Ruf als einer, der aus Schuhen kleine Kunstwerke macht. Seine Arbeit als Schuhausstatter für Spielfilme brachte ihn in den 1930er-Jahren in Kontakt mit Hollywoodstars, die später seine extravaganten Kreationen orderten und dafür auch schon mal nach Florenz pilgerten – selbstverständlich nicht ohne werbewirksame Fotoaufnahmen beim Maßnehmen. Als Salvatore 1960 starb, hinterließ er seiner Frau und seinen sechs Kindern ein blühendes Unternehmen. Heute ergänzen Handtaschen und Lederwaren aller Art die Produktpalette sowie eine klassische Modelinie für die Dame von Welt. Bis heute hat die Familie das Sagen im Unternehmen, denn als eine der wenigen Mode-Dynastien Italiens wurden die Ferragamos noch nicht von einem internationalen Unternehmen geschluckt. Dem Gründer des Modeimperiums haben die Kinder Mitte der 1990er-Jahre ein Denkmal gesetzt – mit einem Schuhmuseum im Palazzo Spini Ferroni, dem Stammhaus des Familienunternehmens.

Macht und Kunstsinn

Dass es enge Verknüpfungen zwischen Wirtschaft und Politik gibt und erfolgreiche Unternehmer bisweilen als Politiker

▲ Grünzone am Stadtrand: Villen und Gärten in den Colli Fiorentini

▼ Romanischer Kirchenbau: San Miniato al Monte

▲ Santa Maria Novella

▼ Reste der etruskischen Tempel in Fiesole

Karriere machen, ist keine Erfindung des 20. Jahrhunderts. Am Beginn der Neuzeit vollzog sich in Florenz der beispiellose Aufstieg einer Familie, die die Geschicke dieser Stadt wie keine andere geprägt hat: die Medici. Den Grundstock legte der Bankier Giovanni di Bicci, der im 14. Jh. die Päpste mit Krediten versorgte. Bald unterhielt das Bankhaus Filialen in allen europäischen Metropolen. Giovannis Sohn Cosimo (der Ältere genannt) nutzte zur Mehrung seines Reichtums auch die Politik. Keine Wahl in der Republik Florenz, die nicht finanziell von ihm unterstützt wurde und im Sinne der Medici ausfiel. Offenen Auseinandersetzungen wich Cosimo aus, denn er konnte auch anders durchsetzen, was seine Macht beförderte: Nachdem er seine Gegner verbannt hatte, besetzte er wichtige Ämter mit seinen Anhängern, ließ Steuern erheben und schuf einen Spitzelstaat, aus dessen Geheimgefängnissen Menschen nicht mehr zurückkehrten.

Aufstieg in den Fürstenstand

Cosimos Enkel Lorenzo (1449 – 1492) sicherte die Herrschaft der Familie nicht zuletzt dadurch, dass er Zugeständnisse an die Bürger machte und sie in Parlamenten und Kommissionen mitwirken ließ. Er förderte Humanismus und Renaissancekunst, finanzierte die Gründung von Bibliotheken und unterhielt Kunstsammlungen. Gleichzeitig entfaltete er einen geradezu fürstlichen Lebensstil – deshalb auch sein Beiname ›der Prächtige‹ –, der ihn an den Rand des Bankrotts brachte. Die Nobilitierung ließ noch ein paar Jahre auf sich warten, aber sie kam: Kaiser Karl V. erhob 1531 Alessandro de' Medici zum Herzog von Florenz, und nachdem es Cosimo (1519 – 1574) gelungen war, einen toskanischen Flächenstaat zu schaffen, verlieh Papst Pius V. ihm den Titel eines Großherzogs von Toskana. Doch paradoxerweise hatte zu diesem Zeitpunkt die Dynastie bereits ihren Zenit überschritten. Cosimos Nachfolger konnten weder im Hinblick auf ihre diplomatischen Fähigkeiten noch als Unternehmer ihren Vorfahren das Wasser reichen. Mit dem Tod des letzten kinderlosen Medici endete 1737 eine Dynastie, die mehr als drei Jahrhunderte mit Florenz aufs Engste verknüpft gewesen war.

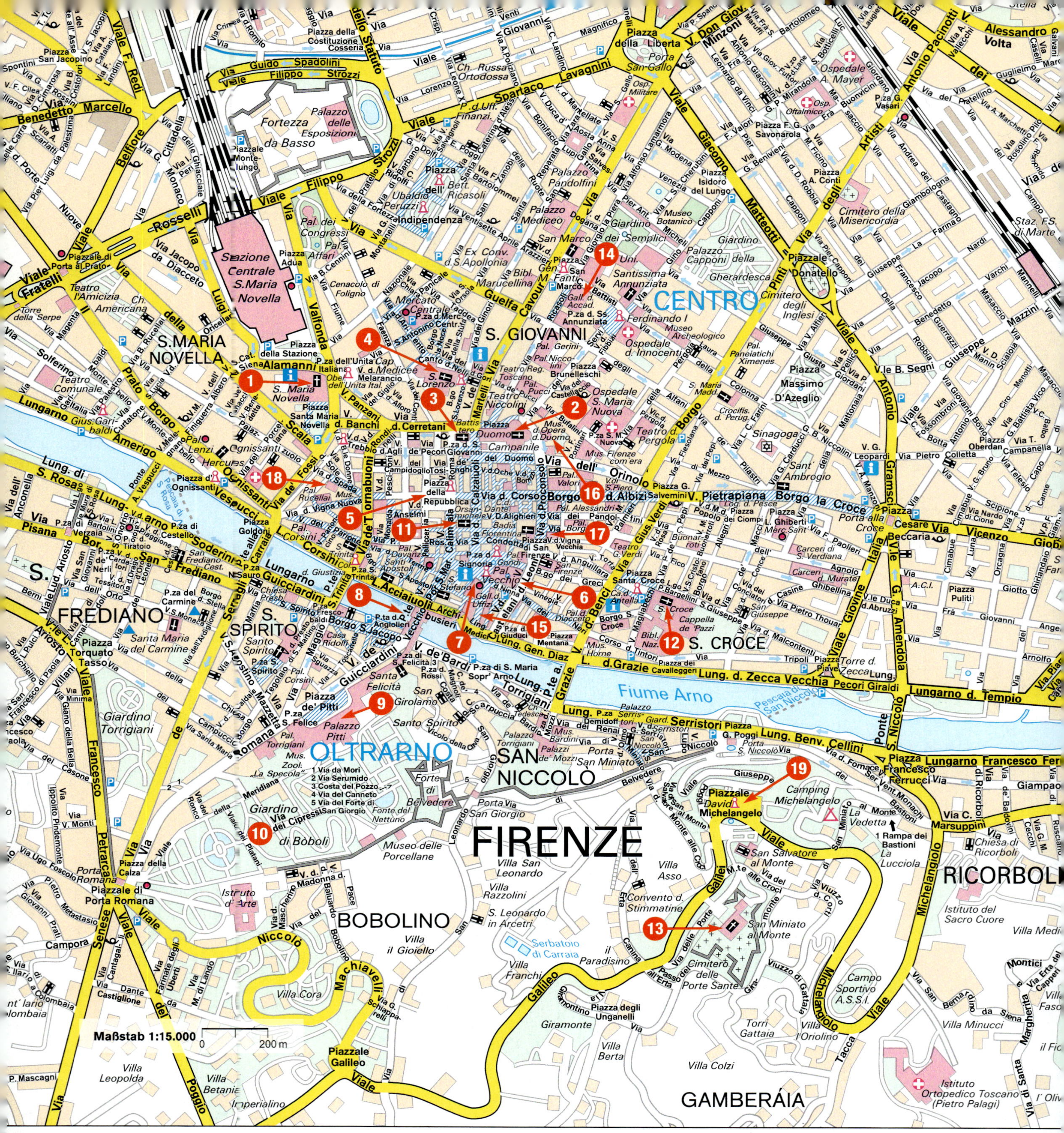
FIRENZE
CENTRO
S. GIOVANNI
S.MARIA NOVELLA
S. CROCE
S. FREDIANO
S. SPIRITO
OLTRARNO
SAN NICCOLÒ
BOBOLINO
RICORBOLI
GAMBERÁIA
Fiume Arno
Fortezza da Basso
Stazione Centrale S.Maria Novella
Giardino di Bòboli
Forte di Belvedere
Piazzale Michelangelo
Piazzale Donatello
Cimitero degli Inglesi
Piazzale di Porta Romana
Piazzale Galileo
Maßstab 1:15.000
200 m
1 Via da Mori
2 Via Serumido
3 Costa del Pozzo
4 Via del Canneto
5 Via del Forte di San Giorgio
1 Rampa dei Bastioni
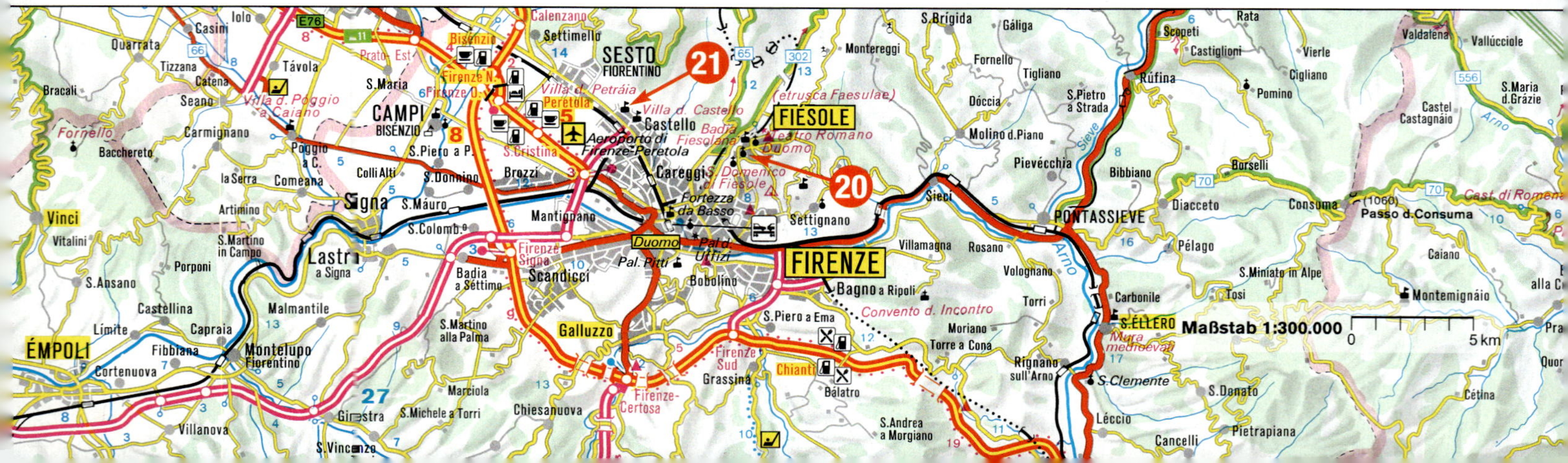
FIRENZE
FIÉSOLE
SESTO FIORENTINO
CAMPI BISENZIO
Signa
Lastra a Signa
Scandicci
Galluzzo
Bagno a Ripoli
PONTASSIEVE
EMPOLI
Montelupo Fiorentino
S.ELLERO
Settignano
Careggi
Maßstab 1:300.000
0
5 km

Infos

Brücke über den Arno und Einkaufsstraße zugleich: der Ponte Vecchio

Allgemeines und Geschichte

Die Stadt am Arno ist das touristische Highlight der Toskana schlechthin, ein riesiges Freiluftmuseum, in dem sich die Geschichte der Renaissance und des Humanismus geradezu mit Händen greifen lässt. Aus einer etruskischen Siedlung hervorgegangen, schwang sich Florenz zu Beginn des 13. Jh.s zur angesehendsten Stadt in Mittelitalien auf. Ab 1434 bestimmte die reiche Kaufmannsfamilie der Medici die Kommunalpolitik. Unter ihnen entwickelte sich Florenz zu einem Zentrum für Kunst und Wissenschaft. Im Jahre 1530, nach der Einnahme der Stadt durch Karl V. wurde Alessandro de' Medici als Herzog von Florenz eingesetzt, sein Nachfolger Cosimo I. regierte ab 1569 als Großherzog von Toskana. Von 1865 bis 1870 war Florenz die Hauptstadt des Königreichs Italien. Heute ist Florenz die Hauptstadt der Region Toskana. Neben Handel, Bankenwesen und Wissenschaft ist der Tourismus die wohl wichtigste Säule der städtischen Wirtschaft. Von den 370 000 Einwohnern sind ca. 50 000 Studenten.

Sehenswürdigkeiten

Rundgang: Der Rundgang durch die Altstadt beginnt am Bahnhof. Gegenüber liegt die große Dominikanerkirche **Santa Maria Novella** 1 (s. u.). Auf dem gleichnamigen Platz spielten die Mönche früher Fußball. Folgt man der Via dei Banchi, geht es in östlicher Richtung zum Domplatz mit dem **Duomo Santa Maria del Fiore** 2 (s. u.) und dem **Baptisterium San Giovanni** 3 (s.u.). Von der Nordseite des Doms sind es nur wenige Schritte zur Kirche **San Lorenzo** 4 (s. u.), der Grabeskirche der Medici. Richtung Arno führt die belebte **Via Tornabuoni**, der man bis zum imposanten **Palazzo Strozzi** (1451) folgt. Weiter westlich wartet die **Piazza della Repubblica** 5 mit Freiluftcafés und Restaurants.

Ein Muss für jeden Besucher ist der Bummel über die **Piazza della Signoria**. Was zu Zeiten der Medici das politische Zentrum der Stadt war, ist heute Treffpunkt für Touristen aus aller Welt. Beherrscht wird der Platz vom gleichnamigen Palast der einstigen Machthaber, auch **Palazzo Vecchio** 6 genannt (1314) mit seinem 94 m hohen Turm (geöffnet Mo. bis Mi., Fr. und Sa. 9.00–19.00, Do. 9.00 bis 14.00, So. 8.00–13.00 Uhr). Am Eingang des Palazzo Vecchio steht eine Kopie des berühmten ›**David**‹ von Michelangelo. Seitlich des Palazzo Vecchio beherbergt die **Loggia dei Lanzi** 7 mit den gotisch-florentinischen Rundbögen (1376–1381) Statuen und Figuren, darunter die Bronze von Benvenuto Cellini ›Perseus mit dem Haupt der Medusa‹ (1545–1554). Benannt ist das Gebäude nach den Landsknechten, die hier Wache schoben. Ein beliebter Treffpunkt ist der Neptunbrunnen von Ammanati (1576). An der **Galleria degli Uffizi** 15 (s. u.) vorbei kommt man zum altehrwürdigen **Ponte Vecchio** 8. Die älteste Arno-Brücke von Florenz (seit dem 13. Jh. mit Läden und Wohnungen) mit zahlreichen Juwelier-, Schmuck- und Seidenwarengeschäften stellt die Verbindung her zwischen Palazzo Vecchio und **Palazzo Pitti** 9 (s. u.), denn bereits 1565 hatte sich Großherzog Cosimo I. im Obergeschoss der Brücke einen Gang, einen Fluchtweg bauen lassen. Hinter dem großzügigen Palazzo Pitti erstreckt sich auf 45000 m² der **Giardino di Boboli** 10 (geöffnet täglich 8.15–16.30 Uhr, erster und letzter Mo. im Monat geschlossen), eine riesige Parkanlage, die Cosimo I. von der Familie Boboli erwarb und bis 1560 umgestalten ließ. Alfonso Parigi d. J. vollendete ihn 1658. Einer der Brunnen im Park zeigt den Hofzwerg Cosimos' I., der auf einer Schildkröte reitet. Ein Amphitheater für Hoffeste birgt ägyptische Obelisken und römische Granitbecken.

Vom Arnoufer mit seinen eindrucksvollen Stadtpalais geht es durch die Via dei Fossi wieder zurück zu Santa Maria Novella.

Kirchen

Duomo Santa Maria del Fiore 2: Die besten Baumeister der Zeit waren am Bau des 1294 begonnenen Doms beteiligt – u. a. Arnolfo di Cambio und Brunelleschi, der Konstrukteur der gewaltigen Kuppel. 1436 wurde das drittgrößte Gotteshaus Italiens geweiht, die Fassade kam erst im 19. Jh. hinzu. Die achteckige, zweischalige Kuppel (1434) war mit ihrem Durchmesser von 45 m damals eine wegweisende Ingenieursleistung. Im Gegensatz zu früheren Kuppelkonstruktionen sitzt sie auf einem Tambour und überragt so die umgebenden Häuser um ein Vielfaches. Stufen führen in der Kuppelwand hinauf zur Laterne. Der grandiose Blick entschädigt für den anstrengenden Aufstieg (Kuppel Mo. – Fr. 8.30 bis 19.00, Sa. 8.30–17.40, Dom Mo. bis Mi., Fr. 10.00 – 17.00, Do., Sa. 10.00 – 15.30, So. 13.30 – 16.45 Uhr). Das Innere des Gotteshauses birgt zahlreiche Kunstschätze, u. a. die Kuppelfresken von Giorgio Vasari und Federico Zuccari (›Jüngstes Gericht‹, 1572 bis 1579) und die Bronzetür zur Neuen Sakristei links vom Hauptaltar von Michelozzo und Luca della Robbia.

Baptisterium San Giovanni 3**:** Mindestens so berühmt wie der Dom ist das 1059–1128 erbaute, achteckige Baptisterium – vor allem wegen seiner drei **Bronzeportale**. Das älteste von Andrea Pisano (1330 – 1336) zeigt 28 Reliefs mit Szenen aus dem Leben von Johannes dem Täufer. Lorenzo Ghiberti schuf die berühmte Paradiespforte (1425 – 1452). Die Originale der Portale sind im Dom-Museum (s. u.) ausgestellt. Der unter Giotto begonnene Kampanile (1334; fantastische Aus-

SPECIAL

Florenz com'era

Auf der Piazza della Signoria stehend bemerkt man die leichte Neigung des Platzes. Kein Zufall: Hier stand einmal das römische Amphitheater von Florentina, daneben lagen zwei Thermen. Wären nicht so viele Schätze aus Romanik, Gotik, Renaissance und Barock zu bewundern, man könnte ohne Not weiter in die römische Vergangenheit der Florentiner vordringen, denn der Teil zwischen Piazza della Signoria und Piazza della Repubblica bis hin zum Dom war Ausbildungs- und Verwaltungsstätte für römisches Militär. Die Hauptstraße durchzog die heutige Piazza della Repubblica, das Gebiet darum herum wurde streng wie ein Schachbrett angelegt. Die Via Cassia war zudem wichtige Verbindungs- und Nachschubstraße zur Hauptstadt Rom. Weitere interessante Einblicke in das Florenz von damals gewährt das Museum Firenze com' era, auf deutsch: Florenz, wie es war (Via dell' Oriuolo, geöffnet tgl. außer Di. 9.00 – 14.00, So. 8.00 – 13.00 Uhr).

Uffizien: ›Geburt der Venus‹ von Botticelli

sicht!) und das Baptisterium sind geöffnet Mo.– Sa. 12.00 –19.00, So. 8.30 –14.00 Uhr.

Santa Maria Novella ❶: Die Dominikanerkirche wurde um 1300 vollendet (geöffnet Mo. bis Sa. 9.00 –12.00 und 15.00–18.00, So./Fei. 15.00 –17.00 Uhr). Die Fassade von Leon Battista wird durch verschieden farbigen Marmor strukturiert. Innen über dem Portal ist das Fresko ›Geburt Christi‹, möglicherweise ein Frühwerk Botticellis und in der ältesten Rosette von Florenz die ›Krönung Mariens‹ zu sehen. Am dritten Altar hängt das ›Dreifaltigkeitsfresko‹ von Masaccio (1427). Erstmalig wandte er das Prinzip der Zentralperspektive an und revolutionierte damit die Malerei der Frührenaissance. Die Hauptchorkapelle schmücken Fresken von Ghirlandaio (1497 – 1502) mit Szenen aus dem Leben Johannes des Täufers und der Maria.

Orsanmichele ⓫: Der palastartige Kirchenbau (1337 – 1350) in der Via Calzaiuoli diente sowohl als Getreidespeicher als auch als Oratorium. Die Nischen an der Fassade schmücken seit dem 15. Jh. Bronzestatuen von Ghiberti (Johannes der Täufer), Verrocchio (Christus und der ungläubige Thomas) und Donatello (Apostel Petrus).

Santa Croce ⓬: Mit 115 m Länge und einem 38 m breiten Mittelschiff die größte Franziskanerkirche überhaupt (1295 – 1385). Die Fassadengliederung aus Marmor und der Kampanile stammen aus dem 19. Jh., der Innenraum ist eine dreischiffige Pfeilerbasilika. Neben zahlreichen Grabmalen (u. a. von Michelangelo, Galilei, Machiavelli, Ghiberti, Cherubini, Rossini) gibt es eine Reihe von Kapellen (Peruzzi, 1326/1330; Bardi 1317). Die Hauptchorkapelle ist mit Gewölbefresken von Gaddi (1380) geschmückt. Im Museum von Santa Croce hängt seit einiger Zeit wieder das Kruzifix von Cimabue (um 1272), das bei der großen Flutkatastrophe 1966 stark beschädigt wurde (geöffnet tgl. 7.30 –12.30, 15.00 –18.30 Uhr).

San Lorenzo ❹: Die Grabeskirche der Medici unweit ihres Palazzos wirkt mit ihrer unvollendeten Fassade aus schmalen Backsteinen wie ein modernes Kunstwerk im öffentlichen Raum. Von Brunelleschi stammt die Alte Sakristei (1428), Papst Leo X. beauftragte Michelangelo mit dem Bau der Neuen Sakristei mit den Grabmälern für Lorenzo Il Magnifico und seinen Bruder Giuliano (geöffnet tgl. 7.00 – 12.00 und 15.30 – 18.00 Uhr).

San Miniato al Monte ⓭: Eine der eindrucksvollsten Kirchen von Florenz (geöffnet tgl. 8.00 bis 12.00, 14.00 –18.00, im Sommer bis 19.00 Uhr), wahrscheinlich 1018 als Klosterkirche begonnen. Der vergoldete Adler auf dem Dachfirst, der ein Wollbündel hält, ist das Wappentier der Tuchhändler, die als Finanziers dieses Kleinods romanisch-toskanischer Kirchenarchitektur auftraten. Das Mosaik ›Christus zwischen Maria und San Miniato‹ (2. Hälfte 13. Jh.) lässt auf einen byzantinischen Einfluss schließen.

Museen

Galleria dell' Accademia ⓮: Der ›Gral‹ der florentinischen Kunst: Hier in der ehemaligen Künstlerschule von 1784 sind die bedeutendsten Werke florentinischer Kunst im Original zu besichtigen (Via Ricasoli 60, geöffnet Di.–Sa. 8.30 – 18.50, So./Fei. bis 13. 50 Uhr).

Palazzo Vecchio ❺: Zu besichtigen sind im Rathaus von Florenz die Prunkräume des Alten Palastes über drei Stockwerke hinweg sowie die Waffenkammer und die schönen Innenhöfe (Piazza della Signoria, geöffnet Mo. – Mi., Fr. und Sa. 9.00 – 19.00. Do. 9.00 bis 14.00, So./Fei. 8.00 – 13.00 Uhr).

Galleria degli Uffizi ⓯: Die Amtsstuben der Medici sind heute eine der weltweit bedeutendsten Galerien mit Gemälden europäischer Maler vom 13. bis 18. Jh. sowie antiken Skulpturen. Die chronologische Anordnung der Werke gewährt einen hervorragenden Überblick über die italienische und europäische Malerei. Meilensteine der Kunstgeschichte sind hier vereint, so die ›Thronende Madonna‹ (um 1275) von Cimabue, die wegweisende ›Maestà‹ (um 1310) von Giotto oder ›Anna Selbdritt‹ von Masaccio (um 1420), Botticellis ›Frühling‹ (1485–1487) oder die ›Venus von Urbino‹ (1538) von Tizian (geöffnet Di.–So. 8.30 –18.50 Uhr; www.musei.uffizi.firenze.it).

Palazzo Pitti ❾: Den ehemaligen Sitz einer wohlhabenden Kaufmannsfamilie ließ Eleonora von Toledo, die Frau Cosimos I., zwischen 1558 und 1570 erneuern. Heute birgt er mehrere Museen. Hauptanziehungspunkt ist die Galleria Palatina, eine hochkarätige Gemäldesammlung in den Wohn- und Repräsentationsräumen der Großherzöge (geöffnet Di. – So. 8.30 – 18.50 Uhr).

Museo dell' Opera del Duomo ⓰: Grabungsfunde von der Vorgängerkirche sowie eine bedeutende Skulpturensammlung (geöffnet Mo.–Sa. 9.00–19.30, So. 9.00 –13.40 Uhr).

Museo Nazionale del Bargello ⓱: Der gotische Palast von 1255 beherbergt eine hochkarätige Sammlung von Renaissance-Skulpturen u. a. von Giambologna, Donatello und Michelangelo (geöffnet Di. – Sa. 8.30 – 13.50 Uhr sowie 2. und 4. So. des Monats).

Museo Marino Marini ⓲: Das erste Museum in Florenz, das moderne Kunst zeigt, befindet sich seit 1988 in der ehemaligen Kirche San Pancrazio. 176 Werke des 1980 verstorbenen

TIPP

Museo Ragazzi

Kinder an die Macht! So könnte man es nennen, wenn die ›kleinen‹ Museumsgäste durch die Geheimtür des ehemaligen Büros von Machiavelli in die ansonsten unzugänglichen Gemächer des Palazzo Vecchio gelangen. In einem Raum mit den Kleidern der Medici-Prinzen erfahren sie zum Beispiel, dass die Prinzessinnen Schuhe mit hohen Plateausohlen trugen, um ihre langen Gewänder im zentimeterdicken Schlamm des spätmittelalterlichen Florenz nicht zu beschmutzen. Da man den Luxus eines Reißverschlusses damals noch nicht kannte, aber auch kleine Prinzen mal ›mussten‹, wurden ihre Pumphosen aus dickem Brokat mit einem Hörnchen versehen, das man aufknöpfen konnte. Klar, dass bei diesen Rundgängen nicht nur erklärt und gezeigt wird, sondern die Zuhörer auch aktiv werden dürfen (auch auf deutsch). Infos: www.museoragazzi.it, Tel. 05 52 76 82 24.

TIPP

Alla via

Trippa Fiorentina zählen zu den absoluten Spezialitäten der toskanischen Küche. Am besten schmecken die Kutteln frisch und heiß, z. B. an einem Trippa-Stand im Centro Storico an der Ecke der Via Cerchi.

toskanischen Bildhauers, Malers und Grafikers Marino Marini (geöffnet Mo., Mi.–Sa. 10.00–17.00, So. 10.00–13.00 Uhr).

Aussichtspunkt

Piazzale Michelangelo ⑲: Dass Florenz wunderschön gelegen ist, wird am besten deutlich, wenn man von diesem erhöhten Platz über dem südlichen Arno-Ufer auf die Stadt hinabblickt.

Veranstaltungen

Musikfestival ›Maggio Musicale Fiorentino‹ (Mai/Juni); Kostümfest und Fußballspiel ›Calcio Storico in Costume‹ (u. a. 24. Juni); Laternenfest ›La Rificolona‹ (7. September)

TIPP

Fußball auf florentinisch

Eines der lustigsten historischen Feste in der Toskana, wo es mal nicht um Bogenschießen oder gefährliche Pferderennen geht, ist der ›Calcio in costume‹ auf der Piazza Santa Croce. Vier Mannschaften kämpfen mit nicht immer sanften Mitteln um den Ball, Finale ist am 24. Juni, am Johannistag. Karten unter Tel. 05 52 61 60 49.

Restaurants und Cafés

Eine Enoteca mit toskanischen Spezialitäten und den besten Weinen der Winzerfamilie, die auch in kleinen Gläsern serviert werden, ist die **Cantinetta Antinori**, Piazza degli Antinori 3, Tel. 055 29 22 34 (Sa., So. geschl.). Das Gebäude von **Buca di Mario** wirkt tagsüber unwirtlich, am Abend dann öffnet sich der Laden und über eine steile Treppe geht es ins Restaurant. Einfache köstliche Spezialitäten und ein formvollendeter Service! Unbedingt reservieren (Piazza Ottaviani 16 r, Tel. 055214179, Mi. geschl.). Von außen sieht man die Schinken schon an der Decke hängen, davor eine Schlange von Menschen – mitten in Florenz drängeln sich Florentiner um einen Platz im **Il Latini** in der Via Palchetti 6 r, Tel. 055 21 09 16, So. geschl.). Gute toskanische Hausmannskost in einfachem Ambiente bietet die **Trattoria Za'Za**, Piazza del Mercato Centrale, Tel. 055 21 54 11. Ein Feinschmeckerlokal, für das man auch investieren muss: **Il cibreo**, Via dei Macci 118, Tel. 05 52 34 11 00, So. und Mo. geschl. Fünf Kilometer südlich von Florenz liegt das herrliche Landgasthaus **Omero** mit Terrasse und Blick auf die Stadt (Località Arcetri, Via Pian de' Giullari 11r, Tel. 055 22 00 53).

Die meisten Cafés findet man an der Piazza della Repubblica. Seit 1773 gibt es dort auch das **Gilli**, ein beliebter Treffpunkt für einen Aperitif vor dem Abendessen.

Einkaufen

Florenz ist berühmt für seine Lederwaren, die es überall in der Stadt gibt, an den Uffizien, am Strohmarkt, auf den Piazzas. Die Faustregel heißt: ›Charmant handeln‹, dann lässt jeder Händler etwas auf die Handtaschen, Gürtel oder Portmonees nach.

In den Markthallen nahe San Lorenzo findet man alles, was man für die echte toskanische Küche benötigt. Nach Schmuck hält man am besten auf dem Ponte Vecchio Ausschau, die Via Tornabuoni und ihre Nebensträßchen sind die erste Adresse für italienisches Modedesign.

Unterkunft

In der Nähe des Bahnhofs, in der Via dei Panzani gibt es zahlreiche kleine Hotels, die wegen ihrer zentralen Lage durchaus interessant sind. Ebenfalls günstig liegt das **Firenze** an der Piazza Donati 4, Tel. 055 21 42 03, Fax 0 55 21 23 70, DZ 100 €. Teurer wird es im **Minerva** an der Piazza Santa Maria Novella. Das 1869 gegründete Traditionshotel ist vornehm-modern eingerichtet, Piazza Santa Maria Novella 16, Tel. 05 52 72 30, Fax 055 26 82 81, DZ ab 270 €. Das Luxushotel **Helvetia & Bristol**, zentral gelegen gegenüber dem Palazzo Strozzi, empfängt seine Gäste mit dem Komfort eines echten Grandhotels, Via Pescioni 2, Tel. 055 266 51, Fax 055 28 83 53, www.charminghotels.it, DZ 350 €.

Auskunft

ⓘ APT, Via Cavour 1r, Tel. 055 29, 08 32,
Fax 05 52 76 03 83,
Via Manzoni 16, Tel. 05 52 33 20,
Fax 05 52 34 62 86,
www.firenze.turismo.toscana.it

Umgebung

Fiesole: Oberhalb von Florenz in landschaftlicher Idylle gelegenes ehemaliges Etruskerstädtchen (15 000 Einw.). Allein die Ausblicke auf Florenz lohnen die Fahrt hierher! Nach der kurvenreichen Anfahrt gelangt man unweigerlich auf die **Piazza Mino** ⑳ mit dem **Duomo San Romolo** (11.–14.Jh.) und dem alles überragenden Glockenturm. Nördlich schließt sich die **Archäologische Zone** an mit einem römischen Theater (1. Jh. v. Chr.), dessen Halbrund 3000 Zuschauer fasst und im Sommer für Konzerte genutzt wird (geöffnet im Sommer tgl. 9.00–19.00, im Winter bis 18.00 Uhr). Auf dem Grabungsgelände entdeckte man auch eine römische Badeanlage und die Reste eines etruskischen Tempels. In dem kleinen **Museo Archeologico** wurden Fundstücke aus römischer und etruskischer Zeit zusammen getragen. Italienische, griechische und etruskische Keramik ist im benachbarten **Antiquarium Costantini** ausgestellt.

ⓘ Ufficio Informazioni, Via Portigiani 3–5,
Tel. 055 59 87 20, Fax 055 59 88 22,
E-Mail: info.turismo@comune.fiesole.fi.it.

Villa la Petraia ㉑: Im 15. Jh. entdeckten die wohlhabenden Florentiner das Landleben. Reiche Bürger kehrten der Stadt den Rücken und errichteten sich eine Villa im Grünen. Eine der prächtigen Residenzen rund um Florenz ist die Villa la Petraia, auf der Landstraße Richtung Sesto zu erreichen. Francesco de' Medici kaufte das Anwesen und gestaltete es um. Später nutzten die italienischen Könige das Domizil als Sommersitz (der Park ist im Sommer geöffnet Di.–So. 9.00–19.30, im Winter bis 16.30, im Frühjahr und Herbst bis 17.30 Uhr; die Villa schließt jeweils eine halbe Stunde früher).

TIPP

Perché no?

›Warum eigentlich nicht?‹ heißt die wunderbare Eisdiele in der Via Tavolini 19. In Anbetracht der fantastischen Auswahl an Eissorten, die einen hier geradezu anlachen, fragt man sich tatsächlich: Warum eigentlich nicht sich ab und zu ein Eis gönnen?

Entdeckungen im Abseits

Randlagen haben es bisweilen schwer. In vielem sind sie benachteiligt gegenüber den Zentren, auf anderen Gebieten jedoch liegen ihre Vorteile auf der Hand. Der Nordosten der Toskana kann viele positive Merkmale einer Randlage für sich verbuchen, vor allem Abgeschiedenheit, Ruhe und jede Menge unberührte Natur gehören dazu. Ideale Ausgangspunkte für Ausflüge in den Nordosten sind Prato und Arezzo, zwei Städte, in denen alte und neue Kunst bewundert werden kann.

Kunsthistorisches Juwel in der Provinz: Piero della Francescas Fresken in der Bettelordenskirche San Francesco in Arezzo.

▲ Prato: Außenkanzel am Dom ...

▲ Von Wäldern umgeben: La Verna

▼ ... und Blick ins Textilmuseum

▲ Die berühmten Messer aus Scarperia

▼ Uhrwerk-Stabilisator in Vinci

▼ Der hl. Franziskus ist ihr Vorbild. Franziskanermönche in La Verna

Italien nach dem Zweiten Weltkrieg. Millionen von Menschen ohne Arbeit und ohne Perspektive. Anständige Kleidung zu besitzen – ein Luxus. Aus dieser Not machten die Prateser, seit Generationen Textilexperten, ein Geschäft. Sie ließen abgelegte Kleidungsstücke und Stoffreste aus aller Welt anliefern und machten aus ihnen neue Stoffe. Tausende von Einmannbetrieben entstanden in den Hinterhöfen, überall in der Stadt drehten sich Spindeln. Ein Netz aus Manufakturen, Zubringerfirmen und Vermarktern wurde aufgebaut. Das Geschäft boomte, und aus den Werkstätten wurden Fabriken. Die Stadt benötigte Arbeitskräfte, und ihre Einwohnerzahl wuchs zwischen 1950 und 1975 um mehr als das Dreifache.

SPECIAL

Scharfe Klingen

Was für Frankreich das Laguiole-Messer oder für Briten eine Klinge aus Sheffield, sind für Italien die Messerschmieden aus dem Städtchen Scarperia 10 km nordwestlich von Borgo San Lorenzo. Die Gemeinde ist seit dem 15. Jh. für seine famosen Messer bekannt. Seither werden in den Werkstätten Schneidwerkzeuge gefertigt – von der so genannten Blankwaffe, die früher im Kampf gegen den Feind gezogen wurde, über den fein ziselierten Degen, mit dem bei Paraden repräsentiert wurde, bis zum ganz gewöhnlichen Messer zum Schneiden der Wurst. Liebhabern der ›schneidenden Eisenwaren‹ empfiehlt sich ein Besuch des Museo dei Ferri Taglienti. Messer und Schneidegeräte in allen Variationen sind in diesem Museum im mittelalterlichen Palast der Vikare zu einer Ausstellung vereint.

Die Textilherstellung hat in Prato eine lange Tradition, die bis ins 12. Jh. zurückreicht. Auf den ›prati‹, den weiten Wiesen vor den Toren der Stadt, weideten die Schafe, die Pratos Reichtum begründeten. Sie lieferten die Wolle, die im Wasser des Bisenzio gewaschen und zu robusten Stoffen verarbeitet wurde. Mit dem Siegeszug der industriell gefertigten Textilien traten die alten Fertigkeiten in den Hintergrund oder verschwanden gänzlich. Als Mitte der 1970er-Jahre die Textilindustrie in Prato

▲ Altes Gemäuer ...

▲ Arezzo am Abend: Treffpunkt Corso

▼ ... und junges Leben in Arezzo

▲ Via dell' Orto in Arezzo

▼ Reiterwettkampf bei der Giostra del Saraceno

SPECIAL

Meister der Perspektive

Als Florenz im Jahre 1441 für 25000 Gulden Sansepolcro erwarb, konnte niemand erahnen, dass dieser Provinzort einmal in die Kunstgeschichte eingehen sollte. Der Grund dafür heißt Piero della Francesca. Der Maler erblickte als Sohn eines Schuhmachers um das Jahr 1420 in Sansepolcro das Licht der Welt. Piero di Benedetto dei Franceschi absolvierte in Florenz eine Lehre und kehrte schließlich wieder in seine Heimatstadt zurück. Im benachbarten Arezzo hinterließ er mit dem Freskenzyklus über die Legende vom Heiligen Kreuz ein zukunftsweisendes Werk. Pieros Hauptinteresse galt der perspektivischen Darstellung und der Wiedergabe von Körperlichkeit – zwei Themengebiete, über die Piero in späteren Jahren in zwei bedeutenden Abhandlungen auch theoretisch reflektierte. In seinen Bildern malte er Landschafts- oder Stadträume von geradezu mathematischer Strenge und Klarheit. Sie sind die Bühne für seine wunderbar lebendigen Figuren, die den Bildraum definieren und ihm feierliche Größe verleihen.

durch die asiatischen Länder ihre erste schwere Krise erlebte, kam es zu einer Rückbesinnung auf die Vorzüge der traditionellen Textilverarbeitung. Jungunternehmer gründeten wie zu Großvaters Zeiten wieder kleinere und mittelständische Webereien, die sich am Markt behaupten konnten. Heute ist Prato durch seinen Textilexport immer noch eine reiche Stadt mit weit über 10000 Tuchwebereien, zahllosen Geschäften und Outlets. Außerdem lockt sie die Avantgarde der Modedesigner aus ganz Europa an. Der Kreis zur modernen Kunst schließt sich hier, denn Prato ist eine der wenigen Städte in der Toskana, die es sich leistet, mit einem Teil ihres Kulturbudgets zeitgenössische Künstler zu fördern.

Maßstab 1:350.000
5 km
FIRENZE
PRATO
PISTÓIA
FIÉSOLE
SESTO FIORENTINO
CAMPI BISENZIO
EMPOLI
AREZZO
SANSEPOLCRO
BIBBIENA
POPPI
MONTEVARCHI
S.GIOVANNI VALDARNO
FIGLINE VALDARNO
GREVE IN CHIANTI
IMPRUNETA
S.CASCIANO IN VAL DI PESA
CERTALDO
CASTELFIORENTINO
MONTESPERTOLI
Tavarnelle
BORGO S.LORENZO
FIRENZUOLA
MARRADI
CASTIGLIONE DEI PÉPOLI
SARSINA
BAGNO DI ROMAGNA
CIVITELLA DI ROMAGNA
GALEATA
S.SOFIA
PIEVE S.STEFANO
MÉLDOLA
DOVADOLA
ROCCA S.CASCIANO
MERCATO SARACENO
PREDÁPPIO
Anghiari
Pontassieve
Dicomano
San Godenzo
Vallombrosa
Camaldoli
Abbazia La Verna
Galluzzo
Mugello
Monti della Calvana
Pratomagno
Alpe di Catenáia
Val d'Arno
Parco Nazionale delle Foreste Casentinesi
Alpe di S.Benedetto
M.Falterona
1
2
3
4
5
6
30
80

Infos

Im Garten von Leonardo da Vincis Geburtshaus in Anchiano bei Vinci

PRATO ①

Lumpenmetropole – so wurde Prato einst bezeichnet, doch das ist längst Vergangenheit. Heute ist die drittgrößte Stadt der Toskana (170 000 Einw.) ein Mekka für Mode und moderne Kunst. Außerdem besitzt die Industriemetropole auch ein sehenswertes altes Zentrum rund um den Dom Santo Stefano.

Sehenswert: Einzigartig in der Toskana ist die trutzige Stauferfestung **Castello del' Imperatore** (1237 – 1248), die sich Kaiser Friedrich II. hier ebenso wie in Süditalien als Verteidigungsburg bauen ließ (geöffnet April bis Sept. tgl. außer Di. 9.00 – 13.00 und 16.00 bis 19.00, Okt. – März 9.00 – 13.00 Uhr). Im mittelalterlichen **Palazzo Pretorio** aus dem 13. Jh. sind die kunsthistorischen Schätze Pratos ausgestellt, darunter Meisterwerke des 14. und 15. Jh.s, insbesondere Werke von Fra Filippo Lippi, dem berühmten Sohn der Stadt, der durch die Verbindung zu der schönen Nonne Lucrezia zu seiner Zeit nicht nur als Maler Aufsehen erregte. Das Hauptwerk Filippo Lippis findet man im **Dom Santo Stefano** (14./15. Jh.), wo er die Hauptchorkapelle mit einem einzigartigen Freskenzyklus ausmalte (nur nach Voranmeldung beim APT-Büro zu besichtigen). Der zeitgenössischen Kunst von Malerei über Videokunst bis zu Design, von Lucio Fontana bis zu Mario Merz ist das **Museo Luigi Pecci** südöstlich außerhalb von Prato gewidmet. Das futuristische Museumsgebäude wurde eigens für die Sammlung gebaut (geöffnet Mo. – Fr. 12.00 – 21.00, Sa./So. 10.00 – 19.00 Uhr, Anfahrtsskizze unter www.centropecci.it).

Restaurant: Ein leichtes Mittag- oder Abendessen mit hervorragenden Weinen gibt es in der lebhaften **Enoteca Barni**, Via Ferrucci 22, Tel. 05 74 60 78 45, Sa. und So. mittags geschlossen.

Umgebung: Drei Ausstellungsstätten zu einem Künstler: In **Vinci**, einem kleinen Ort etwa 25 km südwestlich von Prato, dreht sich alles um den berühmten Leonardo da Vinci. Besichtigt werden kann das Geburtshaus im benachbarten Anchiano, interessanter sind aber die beiden Museen in und unterhalb der Burg mit maßstabsgetreuen Modellen und Zeichnungen des Genies.

ⓘ APT, Via Cairoli 48, Tel./ Fax 05 74 24 112, E-Mail: apt@prato.turismo.toscana.it

TIPP
Hart, aber schmackhaft

Biscotti di Prato, auch Cantucci oder Cantucci di mandorla genannt, und Vin santo gehören zusammen. Die fein duftenden Mandelkekse werden in den Südwein getunkt und dadurch weich und genau richtig zum Beißen. Für Nachbäcker: Aus Mehl, Eiern und Zucker, Mandeln und Pinienkernen wird ein Teig geknetet und zu langen Broten geformt, gebacken und dann in Scheiben geschnitten. Für die Kruste werden diese Scheiben dann nochmals in die heiße Röhre geschoben. In der Biscottificio Mattei, Via Ricasoli 2/22 in Prato sollte man die Cantucci all' anice mit Anis probieren. Mo. geschlossen, So. geöffnet.

BORGO SAN LORENZO ②

Im Herzen des Mugello liegt das 16 000 Einwohner zählende Borgo San Lorenzo. Schon im Mittelalter hatte die heutige Provinzhauptstadt eine bedeutende Stellung. Die Medici eroberten den Ort Ende des 13. Jhs. und umgaben ihn mit einem Mauerring.

Sehenswert: Die ›Schwarze Madonna‹ (1290) ist das bedeutendste Kunstwerk in der **Pfarrkirche San Lorenzo**. Sie wird dem berühmten Giotto zugeschrieben, der unweit der Stadt als kleiner Junge von Cimabue entdeckt worden sein soll. Das **Oratorio del SS. Crocifisso** dei Miracoli an der Piazza Cavour wurde 1714 – 1743 nach Plänen des Florentiner Architekten Girolamo Ticciati errichtet.

Restaurant: In der sympathischen Pension mit dem Fin-de-Siècle-Interieur gibt es toskanische Klassiker wie Chianina-Rind zu essen: **Ristorante degli Artisti**, Piazza Romagnoli 1, Tel. 05 58 45 77 07, Mi. geschl.

Unterkunft: Casa Palmira, zum Hotel umgebautes Landhaus mit nur wenigen Zimmern, Loc. Feriolo, Statale 302, Via Faentina Tel. 055 84 09749, DZ 80 € ohne Frühstück.

Umgebung: Scarperia, 10 km nordwestlich von Borgo San Lorenzo, ist für zwei Dinge bekannt: die hervorragenden Messer, die hier hergestellt werden, und die über 5 km lange Autorennstrecke Autodromo Internazionale del Mugello.

TIPP
Schnäppchen

Prato ist die Stadt der Outlets, zu deutsch: Fabrikverkauf. Wo man was findet, darüber informiert ein Prospekt des örtlichen Verkehrsvereins, anzufordern unter Tel./Fax 057424112 oder E-Mail: apt@prato.turismo.toscana.it. Wem erst auf dem Weg in den Süden der Toskana einfällt, dass ihm noch ein modisches Souvenir fehlt, kann in den Outlets an der A1 nachholen, was er in Prato verpasst hat, so z. B. bei Dolce&Gabbana in Incisa in Val d'Arno, etwa 20 km südwestlich von Florenz (Loc. S. Maria Maddalena, 49, Mo. – Sa. 9.00 – 18.00 Uhr) oder bei Gucci in Leccio (The Mall, New shopping centre, Via Europa, 8, Leccio, Regello, Mo.– Fr. 9.00 – 18.00 Uhr). Etwas weiter südlich, bei Montevarchi, hat Prada einen Fabrikverkauf eingerichtet. Schuhe in Größe 35 – extra für die japanischen Gäste –, Lederwaren, Wäsche und natürlich Mode in jeder Preisklasse (Loc. Levanella, 68/A im Industriegebiet, geöffnet Mo.– So. 9.30 – 19.00 Uhr, nicht ausgeschildert, deshalb auf die modernen Gebäude links von der Hauptstraße achten).

POPPI ③

Mit Poppi, einem bestens erhaltenen 6000-Seelen-Städtchen, ist man bereits mitten im Casentino, dem ausgesprochen lieblichen oberen Tal des Arno.

Sehenswert: Auf einer alten Steinbrücke überquert man den Arno, bevor es steil den Berg zur Stadt hinaufgeht. Die Bogengänge, ›portici‹, der ehemaligen Familienpaläste säumen die schnurgerade Hauptstraße **Via Cavour**, die auf die erstaunlich weite **Piazza Amerighi** mit der kleinen barocken Zentralkirche **Madonna del Morbo** mündet. In der Kirche **San Fedele** sind sechs wertvolle Renaissancealtäre zu bestaunen. Hoch über der Stadt thront das mittelalterliche **Castello dei Conti Guidi** aus dem 13. Jh., auch Palazzo Pretorio genannt. In der Burg befindet sich eine der bedeutendsten Bibliotheken der Toskana (geöffnet tgl. 9.30 – 12.30 und 14.30 – 17.30 Uhr). Schon allein der Aussicht wegen lohnend!

Unterkunft: **Albergo Falterona**, Piazza Tanucci 85, Stia, Tel. 0575504569. Ein ausgesprochen liebevoll renoviertes kleines Stadthotel mit viel Charme, DZ 80 €.

Umgebung: Auch **Stia** im Nordwesten von Poppi ist in seinem historischen Ortskern von Stadtpalästen aus verschiedenen Jahrhunderten geprägt, die auf Säulen und Arkadengängen ruhen. Außerdem erwartet den Besucher hier mit der Pfarrkirche Santa Maria Assunta (man beachte die ausnehmend schönen Steinmetzarbeiten) ein romanisches Kleinod.

In den dichten Wäldern des Casentino versteckt liegt das Eremitenkloster **Camaldoli**. Das Monastero di Camaldoli wurde 1012 in einer Höhe von gut 800 m gegründet, u. a. mit einem Pilgerhospiz und 300 m weiter oben am Berg mit einem ›eremo‹, einer Einsiedelei. Die barockisierte Klosterkirche, wie sie heute zu sehen ist, wurde im 16. Jh. schon von Giorgio Vasari mit mehreren Bildern ausgestattet. Zu der Zeit wurde auch die bedeutende Apotheke mit den dunklen, handgeschnitzten Regalen installiert, die noch heute zusammen mit dem Laboratorium zu besichtigen ist und in der hausgemachte Kredenzien und Salben angeboten werden.

ⓘ Pro loco, Badia Prataglia, Tel. 05 75 55 90 54 (dieser Ort liegt unten im Tal)

›Konstantins Traum‹ in San Francesco in Arezzo

La Verna 4

In La Verna soll der heilige Franziskus im Jahr 1224 in einer rauen Felsgrotte die Wundmale Christi erhalten haben. Das abgeschieden am bewaldeten Hang des Monte Penna gelegene Kloster entwickelte sich deshalb zu einem hochfrequentierten und gut organisierten Wallfahrtsort. Wegen der herrlichen Umgebung kommen auch viele Wanderer und Tagesausflügler hierher (großer Parkplatz unterhalb des Klosters). Besonders groß ist der Pilgerandrang am 14. September, dem Tag der Stigmatisierung, und 3. Oktober, dem Todestag des Heiligen.

Sehenswert: Vom zentralen Hof des Klosterkomplexes von La Verna mit der **Chiesa Maggiore**, für die Andrea della Robbia die schönen Terrakotten (15. Jh.) schuf, führt ein überdachter Gang zur Hauptsehenswürdigkeit, der **Chiesa delle Stimmate**, der Kapelle der Wundmale. Auch in die Höhle, in der sich Franziskus seine spartanische Schlafstatt einrichtete, kann man einen Blick werfen.

Übernachtung: Für Männer im Franziskanerkloster, für Frauen im Frauenkloster.

Gebetszeiten: Das Gebet der Franziskanermönche findet 14.00 und 1.00 Uhr im 1578 errichteten Corridoio delle Stigmate statt.

Umgebung: Etwa 20 km südlich von La Verna liegt das Dorf **Caprese Michelangelo**, wo 1475 der Universalkünstler Michelangelo Buonarrotti geboren wurde. Als Bildhauer schuf er u. a. den berühmten ›David‹ in Florenz und die ›Pietà‹ im Petersdom, als Maler die erst vor wenigen Jahren wieder restaurierten Deckenfresken in der Sixtinischen Kapelle in Rom oder die ›Heilige Familie‹, die in den Uffizien von Florenz zu besichtigen ist. In Caprese Michelangelo wurde in seinem Geburtshaus, der Casa del Podestà, ein kleines Museum eingerichtet, das Abgüsse und Fotografien seiner Arbeiten zeigt (geöffnet tgl. außer Mo. 9.00 –17.00 Uhr). In der **Buca di Michelangelo** in Caprese di Michelangelo kann man echte toskanische Bergküche genießen und in einfachen Zimmern nächtigen. Via Roma 51, Tel. 05 75 79 39 21.

Arezzo 5

Die Verbindung Florenz-Arezzo ist nicht gerade ein Katzensprung, trotzdem gibt es einen regen Verkehr zwischen beiden Städten, ob mit der Bahn, über die Landstraße oder die Autobahn entlang des Arno. Erstaunlich ist dann die Ruhe, die in der Altstadt, der Oberstadt herrscht, obwohl Arezzo 92 000 Einwohner hat. Bereits unter den Etruskern gehörte Arezzo zum Zwölfstädtebund, unter den Römern war es eine Militärstation an der Via Cassia. Die freie Stadtrepublik gehörte ab 1337 zu Florenz. Die moderne Stadt wurde rund um den 300 m hohen Hügel herum gebaut, auf dem schon Etrusker gesiedelt hatten. Und dort sind nur Autos mit spezieller Fahrerlaubnis zugelassen. Parkmöglichkeiten gibt es in der Unterstadt in ausreichender Zahl und gut ausgeschildert.

Der Chor von Santa Maria della Pieve

Sehenswert: Keine Frage: Platz eins unter den Sehenswürdigkeiten in Arezzo gebührt unangefochten **San Francesco**, einer äußerlich schlichten Bettelordenskirche aus dem 13. Jahrhundert. Die kunsthistorische Bedeutung des Gotteshauses an der Via Cavour liegt in dem weltberühmten **Freskenzyklus** von Piero della Francesca in der Hauptchorkapelle, der nach 15-jähriger Restaurierung wieder besichtigt werden kann. Thema dieses herausragenden, erzählerisch reichen Re-

TIPP

Gesucht und gefunden

Auf der Suche nach nostalgischem Mobiliar, Gebrauchsgegenständen mit Patina oder einfach nur angestaubtem Kitsch? Die beste Gelegenheit, fündig zu werden, bietet sich am ersten Sonntag im Monat in Arezzo. Da wird auf der Piazza Grande der große Antiquitätenmarkt abgehalten. Am ersten Sonntag im September gibt es den Antiquitätenmarkt im Doppelpack mit der Giostra del Saraceno, einem mittelalterlichen Stadtfest.

Infos

naissancewerks (1452 – 1464) ist die Legende vom wahren Kreuz. Besonders poetisch wirkt die Szene mit dem Traum des römischen Kaisers Konstantin vor der Entscheidungsschlacht im Jahre 312, eine der ersten Nachtszenen in der europäischen Kunst (geöffnet Mo. – Fr. 9.00 – 18.00, Sa. bis 17.30, So. 13.00 bis 17.30 Uhr, Kartenreservierung übers Internet unbedingt zu empfehlen, da nur 25 Personen gleichzeitig zugelassen werden, www.pierodellafrancesca.it). Schräg gegenüber der Kirche lädt das traditionsreiche **Café dei Constanti** zu einer Pause ein.

Weiter oben am Hang, am Corso d'Italia, überragt ein Turm aus ›tausend Löchern‹, sprich der Kampanile mit einer Fünferreihe von Zwilllingsfenstern, die romanische Kirche **Santa Maria delle Pieve** (12. Jh.), das älteste Gotteshaus der Stadt. Kleinod in dem mit zahlreichen Galerien ausgestatteten Kirchenraum ist die Reliquienbüste des Stadtpatrons, des hl. Donatus (1336), eine mit Edelsteinen besetzte Silberarbeit (geöffnet tgl. 8.00 – 13.00 und 15.00 – 18.30 Uhr).

Der Chor von Santa Maria delle Pieve ist der **Piazza Grande** zugewandt, dem wunderschönen, leicht schrägen Hauptplatz von Arezzo mit schmalen, hohen Wohnhäusern und Vasaris **Palazzo delle Logge** an der Nordseite (1573 – 1581). In der **Casa Vasari** in der Via XX Settembre 55 lockt der Einblick in das Privathaus des Baumeisters und bedeutenden Künstlerbiografen (geöffnet tgl. außer Di. 9.00 – 19.00, So. und Fei. 9.00 bis 12.30 Uhr). Auf dem Weg dorthin passiert man die **Casa del Petrarca**, angeblich das Geburtshaus des großen Dichters, und den **Duomo** (1277 begonnen, im 20. Jh. vollendet; im nördlichen Seitenschiff das Fresko ›Hl. Magdalena‹ von Piero della Francesca) und die Kirche **San Domenico** (um 1300) am gleichnamigen Platz. Sehenswert in der einstigen Dominikanerkirche ist das berühmte,1260/1270 entstandene **Kruzifix von Cimabue**, dem wichtigsten Wegbereiter der florentinischen Malerei (Informationen unter www.cimabuearezzo.it).

Museum: Unterhalb der Altstadt, direkt am römischen Amphitheater, im Konvent San Bernardo, befindet sich das bedeutende **Archäologische Museum** mit vorgeschichtlicher Sammlung. Hier sind auch die berühmten rötlichen Korallenvasen aus der römischen Blütezeit Arezzos zu sehen (Via Margaritone 10, geöffnet werktags 9.00 – 14.00 Uhr, Do. und Sa. 9.00 – 19.00 Uhr und So. 9.00 bis 13.00 Uhr).

Restaurant: In der **Buca di San Francesca** sollte man Bohnensuppe oder eine Ribollita bestellen. Via S. Francesco 1, Tel. 05 75 232 71. Gutes Chianina-Rind gibt es bei **Il Saraceno** in der Via Mazzini 6a, Tel. 05 75 27 644, Mi. geschlossen. Auch die Restaurants unter den Arkaden des Palazzo delle Logge bieten eine solide Küche – und den Blick über den Platz.

Unterkunft: Etwa 20 km südwestlich von Arezzo liegt traumhaft schön das **Castello di Gargonza**, das von einer Mauer umschlossen ist. Dort können Apartments und Zimmer gemietet werden – ideal für einen längeren Aufenthalt. Mit Schwimmbad. Tel. 05 75 84 70 21, Fax 05 75 84 70 54, DZ 110 €. **Il Trebbio** in Subbiano, knapp 15 km nördlich von Arezzo, bietet alle Annehmlichkeiten einer ländlichen Unterkunft ohne überzogenen Komfort. Tel. 05 75 48 72 52, DZ 75 €.

Einkaufen: Die meisten Antiquitätengeschäfte und Antiquariate findet man an der Piazza Grande und in der näheren Umgebung, alles andere, vor allem aber ausgesucht schöne Geschäfte für Schuhe und Designer-Mode im Corso d'Italia.

TIPP

Film ab!

Mit ›La vita è bella‹ hat der italienische Starkomiker Roberto Benigni seinem Heimatstädtchen Arezzo ein filmisches Denkmal gesetzt. Wer kennt sie nicht, die Szene, wie er als Hauptdarsteller auf dem Fahrrad ungebremst die Altstadtgassen hinunterrast und dabei immer wieder die unverwechselbare Piazza Grande als Hintergrund auftaucht? In den Gassen von Arezzo entwickelte sich die Romanze von Guido und Dora. Halb Arezzo wurde für den ebenso hochgelobten wie umstrittenen Streifen zur Filmkulisse. Cineasten können nun den einzelnen Drehorten nachspüren, die an den Häuserwänden mit Plänen und Anmerkungen dokumentiert sind, und sich auf die Spuren von Guido und Dora begeben.

Piazza Grande in Arezzo

ⓘ APT, Piazza Stazione 28/della Repubblica, Tel. 057 52 08 39, E-Mail: info@arezzo-turismo.toscana.it

Sansepolcro ⑥

Der Renaissancemaler Piero della Francesca (1416 – 1492) erblickte hier das Licht der Welt. Heute ist die Stadt (16000 Einw.) geschäftiger Mittelpunkt im oberen Tibertal.

Sehenswert: Den größten Schatz der Stadt stellt die Sammlung in der **Pinacoteca Comunale** (geöffnet: Juni – Sept. 9.00 – 13.30 und 14.30 – 19.30, Okt. – Mai 9.30 – 13.00 Uhr und 14.30 – 18.00 Uhr) dar, wo neben Terrakotta-Arbeiten bedeutende Werke des großen Sohnes der Stadt zu sehen sind, u. a. eine ›Auferstehung‹ (1463) und die ›Madonna della Misericordia‹ (1452). Einstimmung auf Leben und Kunst des Malers findet man in der **Casa di Piera della Francesca** in der Via Aggiunti. Dort wurde zu seinem 500. Todesjahr ein Kulturzentrum eingerichtet.

Einkaufen: **Il Telaio** , ein Laden in der Via Matteotti 18, bietet Handgewebtes und schöne Spitzenarbeiten.

Umgebung: Wer sich an Piero della Francesca noch nicht satt gesehen hat, muss nach **Monterchi**, etwa 10 km südlich von Sansepolcro. Im Schulhaus des Ortes ist eines seiner anrührendsten Fresken zu sehen, die ›Madonna del Parto‹, die schwangere Madonna von 1452 – 1455.

ⓘ Pro Loco, Piazza Garibaldi 2, Tel. 05 75 74 05 36

Die Heimat des Gallo Nero

Schön ist das Chianti eigentlich zu jeder Jahreszeit, ganz besonders im Frühjahr, wenn es überall blüht und die ersten Sonnenstrahlen zum Draußensitzen auffordern. Glaubt man allerdings Weinliebhabern, dann gibt es für das Chianti nur eine wirklich gute Reisezeit – den Herbst. Natürlich hat das mit der Weinlese zu tun und mit der Tatsache, dass man in diesen Monaten in jedem noch so kleinen Ort ein Weinfest feiert – eine gute Gelegenheit übrigens, um nicht nur den neuen Wein, sondern auch die Menschen im Chianti kennen zu lernen!

Der neue Wein bietet jede Menge Gesprächsstoff: beim Weinfest in Panzano.

◄ Siena: Die Piazza del Camp

▲ ... aus der Vogelperspektive ... ▼ ... oder bei Nacht

▼ Verführerisch: Die Geschäfte in der Via di Città

Knallrot blüht der Klatschmohn, silbergrau flirren die Blätter der Olivenbäume vor einem stahlblauen Himmel. Die Drängler an der hinteren Stoßstange werden ignoriert – das Naturschauspiel hat Vorrang. Tatsächlich lässt sich diese Region zwischen Siena und Montepulciano am besten mit dem Auto entdecken, wie sonst käme man in dieser hügeligen Gegend voran? Vielleicht noch als trainierter Mountainbiker.

Stadt in Ocker

Auf der Höhe von Siena grüßt von weitem der Turm des Palazzo Pubblico, das 88m hohe Monument der ehemaligen Handelsstadt, die sich bis heute ihr mittelalterliches Erscheinungsbild bewahrt hat. Im Gegensatz zu Florenz, das als Kapitale der toskanischen Renaissance gilt, ist Siena die gotische Metropole. Ihren Reichtum an den Schätzen der Baukunst, der Malerei und Bildhauerei verdankt sie einer Phase des Friedens zwischen 1287 und 1355, nachdem die Florentiner 1260 geschlagen worden waren. Während dieser Zeit wurde die Stadt vom Rat der Neun regiert, einem Gremium aus reichen Kaufleuten, die gute Geschäfte machten und ihre Gewinne in die Gestaltung Sienas investierten.

Wettkampf auf sienesisch

Die Einwohner von Siena sind verrückt. Nein, natürlich nicht das ganze Jahr über, nur an ein paar Tagen. Zum Beispiel am 16. August. An diesem Tag feiert die Stadt – und das urkundlich verbrieft seit 1310 – den Palio, einen Wettkampf zwischen den 17 Stadtteilen. Seinen Namen erhielt das Rennen von dem Tuch, lateinisch ›pallium‹, das dem Sieger als Trophäe überreicht wird. Um die seidene Marienfahne für ihren Stadtteil zu erringen, müssen Pferd und Reiter drei Runden um die Piazza del Campo drehen und dabei Kopf und Kragen riskieren.

Auf den Tribünen rund um den Campo ist das Gedränge um die guten Plätze groß, besser hat es derjenige, der von einem Fenster der umliegenden Palazzi das Geschehen verfolgen kann. Da das Pflaster des Platzes ungeeignet ist für ein so rasantes Rennen, wird der Parcours mit Sand zugeschüttet. Die Zuschauer schwenken Ban-

▲ Auf Hügeln gebaut: Siena

▼ Restaurants mit Stil

▼ Antiquitätenmarkt unter freiem Himmel

▲ *Toskanische Gotik: Der Sieneser Dom von außen ...* ▼ *... und von innen*

ner und feuern ihre Vertreter an, die noch die Namen aus der Ritterzeit tragen und in bunte Gewänder gehüllt sind: ›aquila‹ (Adler), ›drag‹ (Drache) oder ›chiocciola‹ (Schnecke). Seit 1656 wird der Palio nicht nur am 16. August, sondern auch am 2. Juli gefeiert – zwei Termine, die im Festtagskalender der Stadt nicht mehr wegzudenken sind ...

SPECIAL

Natürlich Extra Vergine

Olivenhaine gehören zum Landschaftsbild der Toskana wie Zypressenalleen und mittelalterliche Städtchen. Aus dem Großteil der Oliven wird Öl hergestellt, das je nach Lage und Klima sehr unterschiedlich ausfällt. Am verbreitetsten ist die dunkle Olivensorte Leccino. Sie hält Kälte gut aus und ergibt ein aromatisches Öl. Mit der grünen und besonders würzigen Correggiolo können ebenso hohe Erträge erzielt werden. Eine Wissenschaft für sich ist die Produktion des kalt gepressten Olivenöls Extra Vergine. Die Früchte dürfen nicht zu reif sein, damit möglichst keine Gärungsprozesse einsetzen. Die freie Ölsäure sollte unter einem Prozent liegen, dann schmeckt das Öl fruchtig und frisch. Je nach Gegend reicht die Geschmackspalette von leicht bitter, pikant, aromatisch bis zu einem Artischocken- oder Kräutergeschmack. Übrigens sollte man stets auf das Etikett auf der Ölflasche achten. Steht keine genaue Ursprungsbezeichnung darauf, kann das Extra-Vergine-Öl aus diversen Herkunftsländern stammen und zusammen gemischt worden sein. Eine Delikatesse ist das grüne, ganz frisch gepresste Öl allein schon auf gerösteten Brotscheiben oder als Zugabe etwa in eine ›zuppa faggioli‹. Aber Vorsicht, so frisch wirkt es abführend.

Im Zeichen des schwarzen Hahns

Wenn wir vom Chianti reden, meinen wir meistens das Gebiet zwischen Siena und Florenz. Streng genommen ist es das Herzstück eines weitaus größeren Weinanbaugebiets gleichen Namens und der Wein, dessen Trauben hier angebaut werden, heißt Chianti Classico. Sieben Produktionsgebiete gehören zum Chianti: Bei

▲ Montefioralle, ein mittelalterlicher Ort im Chianti

▼ Selbst gemachte Pasta bei Miranda

▼ Immer noch viel Handarbeit: die Weinlese

▲ *In der Umgebung von Radda in Chianti*

▼ *Typische Antipasti Misti*

▼ *Alte Weine in einer Enoteca in Greve in Chianti*

Pisa wird der Rebensaft als Chianti Mont-Albano gekeltert, um Florenz wird er Chianti dei Colli Fiorentini und um Siena Chianti dei Colli Senesi genannt. Nordwestlich von Florenz wird der Chianti Rufina ange-

SPECIAL

Der Schwarze Hahn

1270 gründeten die Gemeinden Gaiole, Castellina und Radda mit dem Einverständnis von Florenz einen Bund, um sich gegen Sienesen und Pisaner besser zur Wehr setzen zu können. Ihr Kennzeichen war der schwarze Hahn, ›gallo nero‹, aus dem Wappen von Radda. Bis dieses Zeichen schließlich zur Qualitätsmarke der Chianti-Weine wurde, dauerte es noch ein paar Jahrhunderte. Im 18. Jh. führte Cosimo III. als Erster eine Qualitäts-und Herkunftsbezeichnung ein, im 19. Jh. entwickelte Baron Ricasoli eine verbindliche Zusammensetzung der zu verwendenden Traubensorten. 1924 schließlich wurden als Kontrollgremium der Consorzio del Vino Chianti classico gegründet und acht Jahre später die Gebiete, die diese Herkunftsbezeichnung führen dürfen, per Gesetz festgelegt. Der Gallo Nero fungiert seither als Gütezeichen für die Weine aus dem Chianti und ist auf jeder Weinflasche aus diesem Herkunftsgebiet zu finden.

baut. Die westliche Grenze markiert der Chianti dei Colli Pisani und die östliche der Chianti dei Colli Aretini.

Chianti ist nicht gleich Chianti

Der Chianti wird zu über 90 Prozent, bisweilen auch ausschließlich aus Sangiovese-Trauben gepresst. In ganz geringen Mengen werden auch Canaiolo-Nero-Trauben verwendet, um das Bukett zu intensivieren, oder auch die Sorte Colorino, der roten Farbe wegen. Manchmal wird die Malvasia Nera beigemischt, die einen milderen Geschmack ergibt. Seit 1995 kann jeder Winzer seinen Chianti keltern, wie er möchte. Vorbei ist es mit den strengen Regeln des ›Chianti-Papstes‹ Ricasoli, wonach der Wein zu 75 bis 90 Prozent aus Sangiovese-Trauben, fünf bis zehn Prozent Canaiolo Nero und später auch aus Cabernet und/oder Merlot sowie aus weißen Trebbi-

▲ Auch als Ruine noch schön: San Galgano

▼ Kitsch oder Kunst? Alabaster aus Volterra

▲ Im Freien schmeckt der Kaffee am besten

▲ San Gimignano bei nächtlicher Beleuchtung ▼ Schmal sind die Gassen in Massa Marittima

ano-Trauben hergestellt werden musste. Die weißen Trauben machten den Chianti zwar süffiger und waren auch sehr ergiebig. Heute soll der Chianti reifen können und der Weinkenner verlangt nach dem typischen Brombeergeschmack, den vor allem die Sangiovese-Traube liefert.

Überhaupt gibt es zwischen den Chianti-Weinen große geschmackliche Unterschiede. Ein Teil der Anbauzonen liegt in Meeresnähe mit fruchtbaren Böden und warmem Klima, ein anderer Teil der Reben

SPECIAL

Karriere in der Provinz

Eigentlich hatte die Tochter des Druckereibesitzers aus Florenz andere Karrierepläne. Doch dann trat sie eine Erbschaft an und übernahm den Besitz des Castello di Volpaia mitsamt den Weinbergen. Giovanella Stianti Mascheroni zog von Mailand in das verlassene Gutsdorf sechs Kilometer nördlich von Radda in Chianti und machte den Ort zu einer der ersten Adressen im Chianti. So einiges hat sich hier mit dem Erscheinen der Winzerin geändert. Hinter dem Holztor der Gemeindekirche lagern nun 6 m hohe Stahltanks. 240000l Wein werden jährlich auf Volpaia abgefüllt, darunter ein Tafelwein, der Coltassala, der Weinkenner in Verzückung versetzt. Im Dachgeschoss eines ehemaligen Wohnhauses werden die Trauben des Vin Santo getrocknet, im einstigen Schlafsaal des alten Pilgergasthauses reift ein Teil des kostbaren Rebensafts in Eichenfässern. Seit dem 11. Jh. durchlebte der Ort im Grenzland zwischen Siena und Florenz bewegte Zeiten und war wegen seiner exponierten Berglage stets ein begehrtes Objekt der jeweils konkurrierenden Regenten. Zwei der einstigen elf Verteidigungstürme stehen noch, der Dorfbrunnen hat überlebt, ebenso wie die kleine Piazza und die vielleicht zwei dutzend Gebäude aus braunem Sandstein, in denen die Familien der Mitarbeiter von der Signora aus Mailand wohnen.

gedeiht auf steinigen Böden und in Höhenlagen bis zu 500 m, etwa die Weine des Rufina, die weitaus herber ausfallen als ihre fruchtigeren Konkurrenten aus dem Süden oder jene aus Küstennähe.

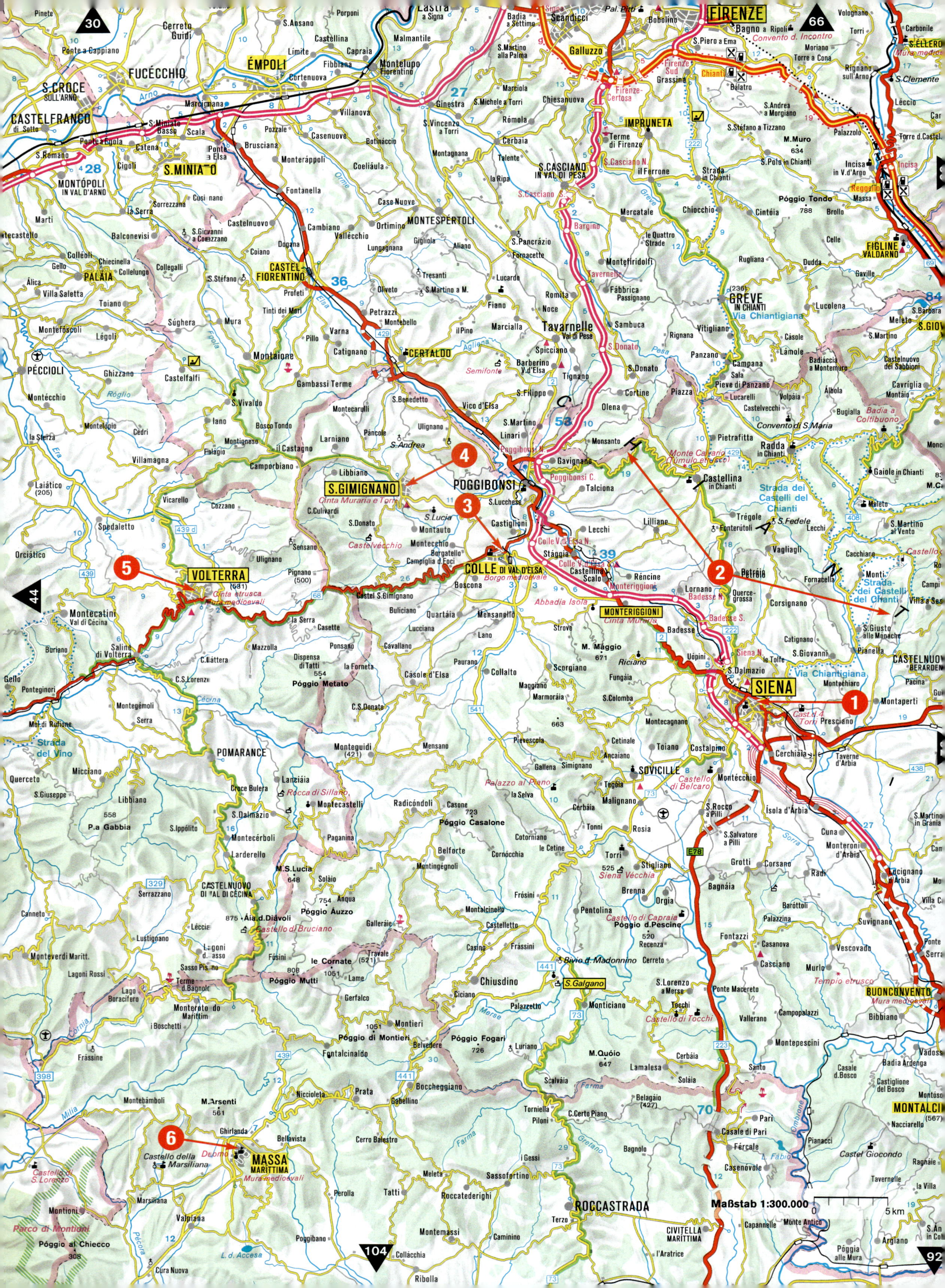
30
66
44
104
92
FIRENZE
Bagno a Ripoli
Convento d. Incontro
Scandicci
Galluzzo
Firenze-Certosa
Impruneta
Lastra a Signa
Empoli
Fucecchio
S.Croce sull'Arno
Castelfranco di Sotto
S.Miniato
Montópoli in Val d'Arno
Montelupo Fiorentino
Montespertoli
S.Casciano in Val di Pesa
Greve in Chianti
Via Chiantigiana
Figline Valdarno
Incisa
Castelfiorentino
Palaia
Péccioli
Montaione
Certaldo
Tavarnelle Val di Pesa
Barberino V.d'Elsa
Semifonte
Poggibonsi
Gavignano
Castellina in Chianti
Radda in Chianti
Strada dei Castelli del Chianti
Badia a Coltibuono
Gaiole in Chianti
Convento di S.Maria
S.Gimignano
Cinta Muraria e Torri
Colle di Val d'Elsa
Borgo medioevale
Monteriggioni
Cinta Muraria
Abbadia Isola
Volterra
Cinta etrusca
Mura medioevali
Casole d'Elsa
Siena
Cast.d. 4 Torri
Castelnuovo Berardenga
Montaperti
Sovicille
Castello di Belcaro
Palazzo al Piano
Rocca di Sillano
Pomarance
Larderello
Castelnuovo di Val di Cecina
Castello di Bruciano
Saline di Volterra
Strada del Vino
Chiusdino
S.Galgano
Castello di Caprala
Castello di Tocchi
Buonconvento
Mura medioevali
Tempio etrusco
Siena Vecchia
Montalcino
Castel Giocondo
Massa Marittima
Duomo
Castello della Marsiliana
Castello di S.Lorenzo
Parco di Montioni
Póggio al Chiecco
Roccastrada
Civitella Marittima
L.d. Accesa
Maßstab 1:300.000
0
5 km
1
2
3
4
5
6

Infos

Treffpunkt für Touristen und Einheimische: der Gaia-Brunnen auf der Piazza del Campo in Siena

SIENA 1

Mit ihrem mittelalterlichen Stadtbild und den großartigen Kunstschätzen ist Siena für viele die schönste Stadt in der Toskana überhaupt. Sie erstreckt sich auf drei Hügelrücken und teilt sich in drei Stadtviertel, die so genannten Terzi di Città. Im Mittelalter bestimmte vor allem die Konkurrenz zu Florenz das Wohl und Wehe der Stadt, die durch Handel, Silberminen und Bankgeschäfte zu Reichtum kam. Die wirtschaftliche und kulturelle Blütezeit in der ersten Hälfte des 14. Jhs. wurde durch die Pest 1348 jäh beendet. 1559 war es mit der Freiheit vorbei: Siena musste sich dem Herzogtum von Cosimo I. anschließen.

Sehenswert: Die meisten Besucher zieht es zuerst zur **Piazza del Campo** (13./14. Jh.), den halbkreisförmigen, von alten Palazzi umgebenen Hauptplatz von Siena mit dem Gaia-Brunnen (1419). Die Südostseite des geneigten Platzes nimmt das Rathaus ein, der **Palazzo Pubblico** (1284–1310), ein blockhafter Bau aus Travertin und Backstein mit Drillingsfenstern, Zinnenbekrönung und einem 88 m hohen Turm, dem **Torre del Mangia** (kann bestiegen werden; herrliche Aussicht). Die Innenräume sind zum Teil mit herrlichen Fresken ausgemalt, u. a. ›Das gute und das schlechte Regiment‹ von Ambrogio Lorenzetti in der Sala della Pace (1340), eines der frühesten Beispiele profaner Malerei (Museo Civico; geöffnet tgl. 10.00–18.30 bzw. 19.00, Juli/Aug. bis 23.00 Uhr). Durch die **Via di Città**, Sienas Haupteinkaufsstraße, mit der **Loggia della Mercanzia** (1428) und dem **Palazzo Chigi-Saracini** (1320) geht es zum gotischen **Dom S. Maria Assunta** an der höchsten Stelle der Stadt. Seine Bauzeit reicht von der Mitte des 12. Jh.s bis weit ins 14. Jahrhundert. Hinter der strahlenden Fassade mit drei von Giebeln bekrönten Portalen verbirgt sich ein hoher, beinahe düsterer Raum mit dunkelgrün-weißen Marmorstreifen und einem kostbaren Marmorfußboden, an dem viele verschiedene Künstler gearbeitet hatten. Unter den Ausstattungsstücken beachte man besonders den Piccolomini-Altar im nördlichen Seitenschiff (1485), die Piccolomini-Bibliothek mit Fresken von Pinturicchio (1502–1509), die Kanzel von Nicola Pisano (1268) und das Taufbecken im Baptisterium mit Bronzereliefs u. a. von Donatello. Das **Museo dell'Opera Metropolitana** mit Werken von Pietro Lorenzetti, Donatello, Beccafumi und Pisano ist im Seitenschiff des unvollendet gebliebenen Domneubauprojektes untergebracht (geöffnet 15. März bis Sept. 9.00–19.30, Okt. 9.00–18.00, sonst 9.00–13.00 Uhr).

Vom Domplatz lohnt sich ein Abstecher in den Süden der Stadt zur **Pinacoteca Nazionale** (Via San Pietro 29, geöffnet Di.–Sa. 8.15–19.15, Mo. 8.30–13.30, So. und Fei. 8.15–13.15 Uhr) mit hochkarätigen Werken der Sieneser Malerei und zur Kirche Sant' Agostino mit einer ›Kreuzigung‹ von Perugino (1506). Durch schmale, zum Teil überwölbte Gassen geht es vom Dom in die nördliche Altstadt, zur Bettelordenskirche **San Domenico** (13. Jh.). Ganz im Nordwesten der Altstadt, bei der Kirche **San Francesco** (14./15. Jh.), befindet sich das Oratorio di San Bernardino mit sehenswerten Fresken (16. Jh.). Den Weg zurück zur Piazza del Campo nimmt man am besten durch die **Via Banchi di sopra**, eine der Haupteinkaufsstraßen von Siena, wo sich im Haus Nr. 24 das **Café Nannini** befindet.

Veranstaltungen: Am 2. Juli und am 16. August feiert Siena den ›Palio‹, den berühmten Wettkampf zwischen den drei Stadtteilen.

Restaurants: Gern besucht und nicht weit vom Campo entfernt ist die **Osteria Le Logge**, Via del Porrione 33, Tel. 0577 48013 (So. geschlossen). Außerdem werden dort hervorragende Montalcino-Weine serviert. In der **Trattoria Papei** geht es zünftig zu. Piazza del Mercato 6, Tel. 05 77 28 08 94 (Mo. geschlossen).

Unterkunft: Das Hotel **Palazzo Ravizza** befindet sich in einem Palazzo aus dem 17. Jh. oberhalb des Altstadtkerns, Pian dei Mantellini 34, Tel. 05 77 28 04 62, DZ ab 160 €. Das **Parkhotel** in einer Villa aus dem 15. Jh. in der Via Marciano 18, Tel. 0577 44803, DZ ab 190 €, liegt auf dem Gipfel des Marciano-Passes mit Blick auf die Altstadt. Es zählt zur Luxuskategorie und hat ein hervorragendes Restaurant.

TIPP

Echt oder nicht?

Souvenirs aus Alabaster sind beliebt, aber leider nicht immer echt. In Volterra, der Heimat des Alabaster, läuft man weniger Gefahr, ein Imitat nach Hause zu bringen, doch überall sonst an Straßenständen sollte man günstigen Angeboten mit Skepsis begegnen. Imitationen aus Kunstharz oder Alabasterpulver unterscheiden sich vor allem im Gewicht – sie sind schwerer. Weitere Unterschiede: Den Alabaster kann man leicht mit dem Fingernagel einritzen und außerdem muss die Oberfläche dieses kristallinen Gesteins glitzern.

TIPP

Mit Frostschutz

Vasen, Krüge, Töpfe aus Terrakotta, vor allem aber Statuen und riesige Blumentöpfe für Gartenpflanzen mit dem traditionellen Dekor findet man am besten in Impruneta. Das Städtchen nahe der Chiantigiana (SS 222) zwischen Florenz und Siena ist das Mekka der Töpferkunst in der Toskana. Hier wurden u. a. die Dachziegel für die Kuppel des Florentiner Doms gebrannt. Frostsicher werden die Terrakotten durch die lehmige Erde, den ›galestro‹, dem die Gefäße auch ihre warme, rot-braune Farbe verdanken. Besonders groß ist die Auswahl bei Mario Mariani, Via di Cappello 29, Tel. 05 52 01 19 50 (Werkstatt geöffnet 8.00–12.00 und 14.00–18.00 Uhr, So. geschlossen).

Umgebung: Malerisch liegt **Monteriggioni**, eine ehemalige Militärfestung Sienas, etwa 10 km nordwestlich der Stadt auf einem Hügel über dem Elsa-Tal. Der 1203 gegen die Florentiner errichtete Mauerring mit 14 Tor- und Wachtürmen ist bis heute bestens erhalten. Im Ort gibt es mehrere Restaurants und Cafés, da viele Ausflügler hierher kommen.

ⓘ APT, Via di Città 43, Tel. 05 77 28 05 51, Fax 05 77 28 10 41 oder Piazza del Campo 56, Tel. 05 77 28 05 51, Fax 05 77 27 06 76, www.siena.turismo.it

Chianti ②

TOP ZIEL Das Chianti ist vermutlich die berühmteste Weinregion Italiens. Eine Fahrt auf der 70 km langen Route durch das legendäre Weinanbaugebiet, die Chiantigiana, lohnt sich vor allem für Kenner und Freunde des guten Tropfens, aber nicht nur. Neben den vielen Weingütern, in denen man kosten und kaufen kann (Hinweisschilder ›vendita diretta‹, über die Mittagszeit meist geschlossen), erwarten den Besucher hier auch eine herrliche Landschaft, die zu Wanderungen einlädt, hübsche kleine Weindörfer, mittelalterliche Burgen und romanische Kirchen.

Greve in Chianti: Greve, ein Städtchen mit 12000 Einwohnern, liegt im Herzen des Chianti. Treffpunkt in der kleinen Weinmetropole ist die dreieckige **Piazza Matteotti** mit schönen alten Arkadenhäusern, in denen Geschäfte, Restaurants und Enoteche zum Stöbern, Verweilen und Genießen einladen. Gut und günstig einkaufen kann man auf dem Wochenmarkt, und der ist in Greve ein Erlebnis (Sa. vormittag). Wer außerhalb der Marktzeiten kommt, findet in der **Antica Macelleria Falorni** (ebenfalls am Hauptplatz) die köstlichsten Würste, Salami mit Fenchel oder Schinken aus der Toskana. Unbedingt zu empfehlen ist ein Ausflug von Greve nach **Montefioralle**, das etwa 2 km westlich von Greve auf einem Hügel thront. Der Ausblick von dem reizenden Kastell-Dorf ist traumhaft! Ebenfalls in den Hügeln westlich von Greve liegt die romanische Pfarrkirche San Cresci (an der Hauptstraße Richtung Florenz ausgeschildert). Das Kirchlein aus dem 10. Jh. ist ein romanisches Juwel. Auch der kleine Friedhofsgarten daneben wird wieder bepflanzt.

Castellina in Chianti: In waldreicher Umgebung liegt Castellina in Chianti, das mit einem mittelalterlichen Ortskern, Delikatessengeschäften und einer Burg aufwartet.

Radda in Chianti: Hübsches altes Städtchen auf der Spitze eines Hügels mit einer gut erhaltenen **Stadtmauer**. Durch das Zentrum führt die Via Roma zum **Palazzo del Podestà** (15. Jh.) und zur **Pfarrkirche San Nicolò**.

Badia a Coltibuono: Die 1049 geweihte Benediktinerabtei steht knapp 10 km östlich von Radda in herrlicher Aussichtslage. Die romanische **Klosterkirche** kann besichtigt werden, in den Wirtschaftsgebäuden verwöhnt ein vornehmes Restaurant.

Castello di Brolio: Bettino Ricasoli, der ›Erfinder‹ des Chianti-Weines, ließ die Burg um 1860 zu einem stattlichen neugotischen Schloss umbauen. Die Innenräume sind nicht zugänglich, wohl aber die Bastionen und die Kapelle sowie der im englisch-französischen Stil angelegte Park (Panoramablick über das Chiantigebiet; Park geöffnet im Winter 10.00–12.00, im Sommer 9.00 bis 12.00 und 14.00–18.00 Uhr). Weinverkauf.

Unterkunft: Direkt am Hauptplatz von Greve liegt die **Albergo del Chianti** – eine einfache, aber echt toskanische Unterkunft. Piazza Matteotti 86, Tel. 055 85 37 63, DZ 100 €. Kultiviertes Landleben erwartet den Besucher in der **Locanda Casa Nuova** bei Figline Valdarno, 16 Zimmer und 1 Apartment, Übernachtung mit Halbpension 50 €, Tel. 0559500027, locandacasanuova@tin.it.

ⓘ Chianti Slow Travel, Viale G. da Verrazzano, 33 , 50022 Greve, Tel. 05 58 54 62 99, E-Mail: info@chiantiechianti.it.

Montefioralle, ein altes Kastelldorf im Chianti

SPECIAL

Gewürz mit Tradition

Safran ist eines der teuersten Gewürze der Welt – und eines der ältesten. Schon im alten Ägypten wurde es als Heilmittel erwähnt, und an den Höfen Europas fand das kostbare Gewürz ebenfalls schon bald Verwendung. Vermutlich kommt die dem Krokus bzw. der Herbstzeitlosen ähnelnde Pflanze aus Griechenland. Der Herbstblütler mit den weit geöffneten fliederfarbenen Blüten wird ›Crocus sativus‹ genannt. Der Safranpuder hängt an den langen auffälligen roten Narben. Heute wird Safran in der Toskana wieder angebaut – zum Beispiel auf einem Landgut in Corte di Valle, zu dem auch eine kleine Trattoria und ein Laden gehören, wo man Safran kaufen kann. Azienda Agraria, SS 222, Km. 18,5 Località Le Bolle, Greve in Chianti, Tel. 055 85 39 39, Fax 055 85 44 163, www.cortedivalle.com

Colle di Val d'Elsa ③

Die Oberstadt von Colle Val d'Elsa ruht idyllisch auf einem Tuffsteinfelsen, abseits der großen Touristenströme. Wer sich dennoch hinaufwagt, entdeckt ein charmantes Städtchen. Da in Colle Val d'Elsa die Kristallglasproduktion zu Hause ist, kann man hier Vasen, Lüster und Glaswaren jeder Art einkaufen.

Sehenswert: Zwei unterschiedliche Hälften hat die Oberstadt, den Borgo mit vornehmen Renaissancepalazzi (in einem sitzt auch der Pro Loco) und den durch eine Brücke verbundenen Ortsteil Castello mit mittelalterlichem Flair. Im Dom (1603) sind Werke von Giambologna zu bestaunen.

Restaurant: Ein berühmtes, aber nicht überteuertes Restaurant (und vier Zimmer zur Übernachtung) erwartet Liebhaber italienischer Haute Cuisine im **Arnolfo**, Via XX Settembre 50/52 a. Tel. 0577 92 05 49 (Di. und Mi. geschl.).

San Gimignano ④

TOP ZIEL Das Städtchen (7000 Einw.) wurde als etruskische Siedlung gegründet. Während der Römerzeit lag es auf einer wichtigen Handelsstraße, zwischen 1199 und 1352 war es freie Stadt, bis es 1392 von Florenz unterworfen wurde. Heute genießt San Gimignano dank der weithin sichtbaren Geschlechtertürme Kultstatus für jeden Toskana-Reisenden.

Sehenswert: San Gimignano garantiert herrliche Panoramablicke – nicht nur wegen der vielen Türme. Empfehlenswerte Plätze für Aussichtsbegeisterte sind u. a. der Garten der Fattoria Tollena in der Via San Giovanni 69 oder die Ruine der alten Rocca in der Nähe der Santa Maria Assunta. Die Mitte von San Gimignano bildet die stimmungsvolle **Piazza della Cisterna** mit dem Travertinbrunnen

Infos

von 1273. Unübersehbar ist das hübsche Fischgrätmuster des Kopfsteinpflasters. Die **Collegiata Santa Maria Assunta** (12. und 15. Jh.) ist vor allem wegen ihrer Fresken einen Besuch wert, in denen das Martyrium des hl. Sebastian erzählt wird (geöffnet März 9.30 bis 17.00, April – Okt. 9.30 –19.30, Sa. und So. bis 17.00 Uhr). Im **Museo Civico e Pinacoteca** werden bedeutende Arbeiten florentinischer Künstler vom 13. bis 15. Jh. gezeigt, u. a. die ›Maestà‹ von Lippo Memmi (geöffnet März – Okt. Sa. – Do. 9.30 – 19.20 Uhr).

Restaurant: Osteria delle Catene, Via Mainardi 18, Tel. 05 77 94 19 66. Nicht billig, aber eine sehr gute Adresse für ein gepflegtes Abendessen. Hervorragende Weinkarte (Mi. geschl.).

Unterkunft: La Cisterna, direkt an der Piazza, verbindet die Atmosphäre eines alten Palazzo mit toskanischer Gastfreundschaft. Tel. 05 77 94 03 28, DZ 100 €.

Umgebung: In der sanften Hügellandschaft über dem Elsa-Tal, 11 km nördlich von San Gimignano, liegt **Certaldo** (16000 Einw.). Mit der Drahtseilbahn geht es hinauf nach Certaldo Alto, in die winzige Oberstadt, die mit ihrem erhaltenen Mauerring und den Häusern aus rotem Ziegelstein Geschlossenheit und Strenge ausstrahlt. Eine schnurgerade Straße führt auf den Palazzo Pretorio zu. Die exponierte Lage des reich mit Wappen verzierten Rathauses sollte man für einen Rundblick nutzen (geöffnet April – Sept. tgl. 9.30 – 13.00 und 14.00 –19.30, Okt. – März 10.30– 12.30 und 14.00 – 17.00 Uhr). 1375 starb Boccaccio, der Dichter des ›Decamerone‹, in Certaldo, seinem Geburtsort. Sein ehemaliges Wohnhaus in der Via Boccaccio 18 wurde zum Museum umgestaltet (geöffnet tgl. 9.00 – 12.00 und 16.00 – 19.00, im Winter 15.00 – 18.00 Uhr).

ⓘ Pro Loco, Piazza Duomo 1, Tel. 05 77 94 00 08, Fax 05 77 94 09 03,

Volterra 5

Auch Volterra ist eine etruskische Gründung, gehörte sogar zum Bund der zwölf wichtigsten Städte. Der 7 km lange antike Festungswall umgab in der Zeit vor Christus auch die Felder der reichen Stadt. Erst im Mittelalter zog man den Verteidigungsring enger. Im 16. Jh. wurde der Abbau und die Verarbeitung von Alabaster wieder aufgenommen – und blieb bis heute ein Haupterwerbszweig in Volterra.

Sehenswert: Das geschickt in den Hang gebaute, auffallend große römische **Amphitheater** (1. Jh.) liegt in der Nähe der Porta Fiorentina außerhalb der Altstadt und außerhalb der mittelalterlichen Mauern (geöffnet tgl. 10.30 bis 13.00 und 14.30 – 18.45 Uhr). Durch die belebte **Via Guarnacci** geht es hinauf ins Herz von Volterra, zur **Piazza dei Priori**. Hier steht das älteste Rathaus der Toskana, der festungsartige **Palazzo dei Priori** (1254), der **Palazzo del Pretorio** ihm gegenüber und der **Bischofspalast**. Die dreischiffige Basilika des **Doms Santa Maria Assunta**, 1120 geweiht, wurde um 1254 im Stil der Pisaner Romanik erweitert. Ebenfalls aus dem 13. Jh. stammt das Baptisterium vor dem Dom. Das einzige erhaltene etruskische Stadttor, **Arco etrusco**, (4./3. Jh. v. Chr.) wurde von den Römern im 1. Jh. n. Chr. ›erneuert‹. Über 600 etruskische und römische Urnen bilden die wertvolle Sammlung des **Museo Etrusco Guarnacci** (Via Don Minzoni 15, geöffnet März–Okt. tgl. 9.00 – 19.00, sonst 9.00 – 14.00 Uhr).

Restaurant: Hier muss man natürlich Wildschwein essen: **Da Badò**, Borgo San Lazzero 9, Tel. 05 88 86 47 7 (nur mittags geöffnet).

Unterkunft: Villa Nencini, Borgo Santo Stefano 55, Tel. 0588865671, Fax 0588806 01, DZ 105 €.

Einkaufen: In der Werkstatt **Rossi Alabastri**, Via del Mandorlo, kann man nicht nur den Handwerkern bei der Arbeit zuschauen, im traditionsreichsten Geschäft der Stadt erhält man wohl das umfassendste Angebot an Alabaster-Souvenirs.

ⓘ Consorzio Turistico Volterra, Piazza dei Priori 20, Tel./Fax 058 88 72 57, E-Mail: info@volterratur.it

Massa Marittima 6

Am Ausläufer der Colline Metallifere, an der Grenze zwischen den Provinzen Grosseto und Siena, schmiegt sich Massa Marittima auf eine Anhöhe. Rund 20 km vom Meer entfernt ist das hübsche Bergarbeiterstädtchen geprägt vom maritimen Klima, von einer üppigen Vegetation und von mittelalterlicher Architektur.

Sehenswert: Der erste Weg sollte auf die **Piazza Garibaldi** führen, ein Paradebeispiel toskanischer Stadtbaukunst. Um den **Dom San Cerbone**, der nach pisanischem Vorbild 1228 romanisch begonnen und 1304 in gotischer Handschrift beendet, scharen sich der **Palazzo Pretorio** (um 1230) mit dem archäologischen Museum (geöffnet April.– Okt. Di.– So. 10.00 – 12.00, 15.30 – 19.00, Juli und Aug. 10.00 – 13.00, 15.30 – 22.30 Uhr), der **Palazzo Comunale** (um 1250), die **Zecca Cittadina** (ehemalige Prägeanstalt), der **Palazzo dell'Abbondanza** (Kornspeicher) sowie der öffentliche Brunnen **Fonte Pubblica**. Eine atemberaubende Aussicht auf die herrliche Umgebung von Massa bietet sich vom **Torre del Candeliere** (1228), der zur hoch gelegenen Burg gehört. Über die Mineralienschätze und deren Abbau informiert das Bergbaumuseum (geöffnet Di.–So. 10.00 bis 12.00, 15.30 – 19.00, im Winter bis 16.00).

Veranstaltungen: Balestro del Girifalco: Stadtfest mit Bogenschützenwettbewerb in mittelalterlichen Kostümen am 20. Mai und am zweiten Sonntag im August.

Restaurant: Eine alte Osteria mit Spezialitäten der Maremma: **Osteria da Tronca**, Vicolo Porte 5, Tel. 05 66 90 19 91 (nur abends).

Unterkunft: Zentral und mit Pool: **Duca del Mare**, Piazza Dante Alighieri 1/2, Tel. 05 66 90 22 84, Fax 05 66 90 19 05, DZ ab 70 €.

TIPP

Weinprobe mal anders

Sie wollen sich vor dem Besuch eines Weingutes erst einmal einen Überblick verschaffen? Dann sollten Sie Le cantine di Greve ansteuern. Denn hier können Sie mit einer Chipkarte Weine aus den Weingütern der Region probieren und sich an den dafür bereitstehenden Terminals Informationen über den guten Tropfen und das entsprechende Weingut besorgen. So lässt sich eine Weintour effektiv und dennoch genussvoll vorbereiten (Greve in Chianti, Viale Vittorio Veneto, Eingang Via delle Capanne).

Umgebung: Aus einer Einsiedelei für den hl. Galgano (1148 – 1181) entstand das Zisterzienserkloster **San Galgano** an den Ausläufern der Colline Metallifere, etwa 30 km nordöstlich von Massa Marittima. Wie viele Klöster verfiel es im Laufe der Jahrhunderte und diente als Steinbruch. Das 69 m lange Kirchenschiff, das heute ohne Dach dasteht, ist ein klassisches Beispiel für die französische Zisterziensergotik, wie man sie von der Ile de France kennt. Mit seinen hohen, spitzbogigen Arkaden ist der riesige Kirchenraum auch als Ruine noch sehr beeindruckend.

ⓘ Pro Loco, Piazza Garibaldi (im Sommer), Tel. 05 66 90 27 56, Fax 05 66 94 00 95.

Durch Berg und Tal

Der Orcia, ein Seitenfluss des Ombrone, hat sich südlich von Montepulciano seinen Weg durch ein Tal gegraben, für das die Bezeichnung lieblich noch untertrieben erscheint. Unten im Tal blüht der Mohn auf den Wiesen, Zypressenalleen schlängeln sich in zahllosen Serpentinen die Hügel hinauf, und auf den Anhöhen thronen so hübsche Städtchen wie Montepulciano, Pienza oder Montalcino, deren Panoramen jedem Fotokalender zur Ehre gereichen.

Geschützt auf einer Anhöhe liegen die meisten alten Ortschaften im Val d'Orcia, so auch das wehrhafte Campiglia d'Orcia.

▲ Aussichtsreich gelegen: Montalcino

▼ Bei der ›Sagra del Tordo‹ in Montalcino

▼ Ein Thermalbecken im Zentrum: Bagno Vignoni

▼ Als Mitbringsel geradezu ideal: der Pecorino aus Pienza

▲ *Die romanische Klosterkirche von Sant'Antimo*

▼ *Gartenkunst in La Foce*

Wenige Kilometer südlich von Siena. Die Landstraße hüpft in Schlangenlinien von Hügelkuppe zu Hügelkuppe. Allmählich wird die Gegend karg und baumlos. Dicke Erdschollen liegen auf endlos wirkenden Ackerflächen, die an eine Mondlandschaft erinnern: die Crete. Die lehmfarbige Erde (›crete‹ bedeutet so viel wie Tonerde, Lehm) gab der Landschaft ihren Namen. Nicht die Natur, sondern der Mensch hat die Crete ›geschaffen‹ – zunächst durch rigorose Abholzung. Seit ein paar Jahrzehnten wird hier großflächig Weizen, Raps und Mais angebaut. Nur im Frühjahr sieht man die Crete für ein paar Wochen in saftigen Farben, doch wenn die Ernte im Juni eingefahren ist, verwandeln sich die Hügel wieder in die erdfarbenen, kahlen Hänge, die das Bild von den Crete bestimmen.

SPECIAL

Viva la musica!

Montepulciano hat nicht nur für Weinfreunde einen klingenden Namen. Jedes Jahr am letzten Juliwochenende pilgern Musikliebhaber aus aller Welt in das toskanische Städtchen. In dieser Zeit steht Montepulciano nämlich ganz im Zeichen der Musikfestspiele ›Cantiere Internationale d'Arte‹, die der Komponist Hans Werner Henze 1976 ins Leben gerufen hat. Im geschmückten Teatro Poliziano und auf der Piazza Grande spielen dann Ensembles und Solisten auf, durch die Altstadtgassen klingen Melodien von Verdi und Rossini, zuweilen auch von Bach und Beethoven.

Der Wein der Weine

An den Befestigungsmauern von Montalcino wächst einer der edelsten Weine der Toskana: der Brunello di Montalcino. Die Trauben auf der Nordseite ergeben zumeist einen eleganteren Brunello als jene von der Südseite. Durch ein starkes Bukett besticht er vor allem dann, wenn die Trauben auf der Westseite gereift sind. Die Weine von der Ostseite sind dafür eher herb und sehr lange lagerfähig. Lagert der vollmundige, rubinrote Brunello, der mindestens vier Jahre lang gereift sein muss, fünf Jahre im Fass, darf er sich ›Riserva‹ nennen. Der viel gepriesene Tropfen, der aus

▲ *Schmeckt der neue Wein?*

▲ *San Biagio unterhalb von Montepulciano*

▲ *Simone Biliorsi führt eine Enoteca in Montalcino*

▼ *Maronen aus den Wäldern der Südtoskana*

▲ Pulcinella als Glöckner auf dem Uhrturm von Montepulciano

▲ Montepulciano: Piazza Grande und ...

▼ ... Spezialitätengeschäft

der Sangiovese-Traube gekeltert wird, erhielt als erster Wein Italiens vor 140 Jahren mit der DOCG-Plakette das höchste Prädikat zuerkannt.

Sehnsucht nach der Toskana

Viele alte Bauernhäuser, Landsitze, ja sogar ganze Weiler gehören inzwischen nicht mehr den Toskanern. Sie haben ihre Landwirtschaft aufgegeben und sind in größere Städte oder in die Industriegebiete im Norden Italiens abgewandert. In den Dörfern, die sie verließen, haben sich Engländer, Schweizer, Niederländer und vor allem Deutsche niedergelassen. Den Traum vom Leben auf dem eigenen Landgut erfüllten sich auch Thierry Besancon und seine Frau Ulla, als sie sich vor knapp 20 Jahren in den Hügeln im Val d'Arno eine ehemalige Klosteranlage kauften. Der Anfang war nicht leicht, doch heute baut Thierry auf 4,5 Hektar Oliven und auf 3,5 Hektar Wein an. Auch das Gemüse für den Gästebetrieb – das zweite Standbein der Besancons – stammt aus eigenem Anbau. Dank Zuwanderern wie der Besancons konnte in der Toskana so manches Dorf vor dem Aussterben bewahrt werden. Als ständige Bewohner hält es allerdings die wenigsten, schon eher als Besitzer einer Zweitwohnung in ländlicher Umgebung ...

SPECIAL

Toskanafraktion

Was hat die Toskana mit der deutschen Politik zu tun? Eigentlich nichts, hätte es da nicht Ende der 1980er-Jahre das Wort von der ›Toskanafraktion‹ gegeben. Als Mitglieder dieser ›Fraktion‹ wurden von Seiten der Konservativen diejenigen SPD-Mitglieder bezeichnet, die gerne gut aßen, sich gut kleideten und keinen Hehl daraus machten, dass sie dem Leben auch eine genüssliche Seite abgewinnen konnten. Zumindest von einigen ist auch überliefert, dass sie tatsächlich ihren Urlaub gerne in der Toskana verbringen ...

Der Würzige aus Pienza

Er ist alles andere als eine Erfindung der modernen toskanischen Küche – im Gegenteil: Schon in der Antike kannte man den Pecorino, den würzigen Käse aus

▲ Mountainbiken in den Wäldern ...

▼ ... oder Kultur in Chiusi

▼ Wolfsgehege am Monte Amiata

▶ Bergnest: Arcidosso

Pienza. Seine typische graue Kruste verdankt dieser Schafskäse dem Bodensatz von Olivenöl, mit der die Käsehaut eingerieben wird. Und dies wiederum sorgt dafür, dass er innen noch etwas cremig bleiben kann. Für den echten Pecorino aus Pienza darf nur rohe, nicht pasteurisierte Milch von Schafen aus den Crete um Montalcino verwendet werden. In der Regel muss der Käse zwischen fünf Monaten und anderthalb Jahren reifen. Der reife, härtere Pecorino, der gerne auch zum Aperitiv serviert wird, ist nicht mit Olivenölrückständen den eingerieben und intensiver im Geschmack. Der kleinere, oval geformte Marzolino gehört ebenso zur Familie des Pecorino. Ganz frisch besitzt der Pecorino ein milchiges Aroma. Er schmeckt hervorragend zu einem Glas toskanischem Weißwein, mit einem Stück Weißbrot, etwas Olivenöl und frisch geschrotetem Pfeffer.

SPECIAL

Ab in die Wälder

Die bewaldeten Hänge des Monte Amiata sind ein herrliches Revier für Wanderer und Biker. Im Herbst, wenn sich die Blätter der Edelkastanien, Eichen und Buchen färben, bietet sich hier ein zauberhaftes Naturschauspiel. Doch nicht nur das: Die Region ist nämlich auch ein Paradies für Pilzsammler. Diese finden hier u. a. den ›castagnolo‹, den Gerippten Ritterling mit einem gelblichen Hut, der in Öl eingelegt wird. Oder den ›lardaiolo rosso‹, den Purpurschneckling, der meist unter immergünen Steineichen wächst. Den ›fungagnello‹ – zu deutsch Geselliger Ritterling – entdeckt man oft unter altem Laub. Er wird bevorzugt für Saucen verwendet – zum Beispiel für einen Wildschweinbraten, der zu den kulinarischen Spezialitäten dieser Region gehört.

Als Mitbringsel eignet sich der Pecorino hervorragend, denn er muss nicht sofort verzehrt werden. Wenn die Kruste nach einiger Zeit zu schwitzen beginnt, sollte man sie einfach abreiben. In den Geschäften von Pienza, Montepulciano und Montalcino findet man auch raffinierte Variationen auf den beliebten Käse, so z. B. Pecorino mit grünem Pfeffer oder mit Walnüssen.

66
Val d'Arno
FIGLINE VALDARNO
S.GIOVANNI VALDARNO
MONTEVARCHI
Via Chiantigiana
TERRANUOVA BRACCIOLINI
Convento di Montecarlo
Badia a Coltibuono
Gaiole in Chianti
CIVITELLA IN VAL DI CHIANA
Badia al Pino
AREZZO
Alpe di Poti
SANSEPOLCRO
Anghiari
Caprese Michelangelo
Castiglion Fibocchi
Monterchi
Strada dei Castelli del Chianti
Castello di Brolio
Via Chiantigiana
Castello di Montalto
Abbadia Monastero
Monastero d'Ombrone
CASTELNUOVO BERARDENGA
Gargonza
MONTE S.SAVINO
CASTIGLION FIORENTINO
Cast. d. Montécchio Vesponi
CORTONA
Cinta della Mura Museo etrusco
Tombe etrusche
Val di Chiana
FOIANO d.Chiana
LUCIGNANO
SINALUNGA
Abbazia
Necropoli etrusca
Le Crete
ASCIANO
Abbazia di Monte Oliveto Maggiore
Abbadia a Rofeno
TORRITA DI SIENA
Mura medioevali
Bettolle
Lago Trasimeno
Parco d. Lago Trasimeno
CASTIGLIONE DEL LAGO
PASSIGNANO SUL TRAS.
Tuoro sul T.
Annibale (217 a.C.)
Ìsola Maggiore
Í.Minore
Í.Polvese
Trasimeno
BUONCONVENTO
Mura medioevali
MONTEPULCIANO
Mura medioevali
S.Francesco
PIENZA
S.QUÍRICO d'Orcia
MONTALCINO
Castel Giocondo
S.Antimo
Bagno Vignoni
CASTIGLIONE d'Orcia
CHIANCIANO TERME
Autostrada del Sole
Tomba d. Granduca
Tomba d. Scimmia
CHIUSI
Mura medioevali
CITTÀ D.PIEVE
SARTEANO
CETONA
Santa Maria di Belvedere
Città etrusc. romana
S.Piero in Campo
Rocca
RADICÓFANI
M.Amiata
ABBADIA S.SALVATORE
Convento
Piancastagnaio
MONTELEONE D'ORVIETO
FICULLE
Cinta delle mura
FABRO
S.Fiora
Bagnolo
M.Cetona
Bagni S.Filippo
Tempio etrusco
Abbazia
Maßstab 1:300.000
0 5 km
80
104
104
A1
E35
E78
1
2
3
4
5
6
7

Infos

Fresken zur Lebensgeschichte des hl. Benedikt im Kloster Monte Oliveto Maggiore

Buonconvento ①

Mitten in den Crete Senese liegt Buonconvento, ein romantisches Backsteinstädtchen, umgeben von einer Stadtmauer aus dem 14. Jh. mit imposanten Holztoren. Hier scheint die Zeit still zu stehen. Nur wenige Besucher verschlägt es an diesen Ort, wo am 24. August 1313 Kaiser Heinrich VII. gestorben ist, nachdem er in Rom zum Kaiser gekrönt worden war.

Sehenswert: Über die Hauptstraße Via Soccini geht es zum eleganten Palazzo Ricci Soccini. Im dortigen **Museo dell'Arte Sacra** werden sakrale Meisterwerke des 14.–18. Jh.s gezeigt, u. a. sind Tafel- und Altarbilder aus der Sieneser Zeit sowie Gemälde von Duccio oder Lorenzetti zu bewundern (geöffnet Di. bis So. 10.30 – 13.00 und 15.00 – 19.00 Uhr, Nov.– Feb. nur Sa. u. So.).

Umgebung: Die SS 451 führt direkt von Buonconvento zu der 9 km südwestlich gelegenen romanischen Klosteranlage **Abbazia di Monte Oliveto Maggiore**. Zu der 1313 gegründeten Abtei gehört ein beachtlicher Kreuzgang, der von Lucca Signorelli (1497/1498) und Sodoma (1505 –1508) ausgemalt wurde. Die 36 Fresken zeigen Szenen aus dem Leben des Ordensgründers Benedikt von Nursia. Nur im Rahmen einer Führung zugänglich sind Bibliothek, Apotheke, Kapitelsaal und die Wohn- und Arbeitsräume (geöffnet tgl. 9.15 – 12.00 und 15.00 – 17.00 Uhr, im Sommer bis 18.00 Uhr).

Montalcino ②

Über gewundene Landstraßen, die stetig leicht ansteigen, gelangt man in das 40 km südlich von Siena gelegene Städtchen. Schon von Ferne sieht man die roten Dächer von Montalcino, das sich auf einem Hügelgrat ausbreitet. Der 5000 Einwohner zählende Ort wurde wegen seines exzellenten Weines weltberühmt.

Sehenswert: Die mächtige **Fortezza** (14. Jh.), diente schon häufig als Zufluchtsort, so auch 1555 – 1559 für 600 Sienesen, die aus ihrer belagerten Stadt geflohen waren. Bilder aus der Sieneser Schule, u. a. Werke von Simone Martini oder Giovanni di Paolo, sind in den früheren Klosterräumen von Sant' Agostino im heutigen **Museo Civico e Diocesano** zusammen mit anderen sakralen Kunstwerken zu einer sehenswerten, schön präsentierten Sammlung vereint (Via Ricasoli 31, geöffnet tgl. 10.00 – 13.00 und 14.00 – 17.00 Uhr). Mittelpunkt des Städtchens und historischer Versammlungsort der Bürgerschaft ist die **Piazza del Popolo**, die vom Turm des Palazzo Comunale überragt wird.

Umgebung: Die **Abbazia di Sant' Antimo** mit Mauern aus Muschelkalk und Travertin geht wohl auf die Gründung von Karl dem Großen zurück. Die Kirche des einstigen Benediktinersitzes (9. Jh.), 10 km von Montalcino entfernt, wurde nach ihrer Zerstörung im 12. Jh. im französisch beeinflussten Stil der Zisterzienser wieder aufgebaut, im Hochmittelalter war Sant' Antimo eines der reichsten Klöster in der Toskana. Fabeltiere und Löwen schmücken Portale und Säulenkapitelle des dreischiffigen Kircheninnenraums. Zu dem Ensemble zählt auch eine kleine karolingische Kirche sowie ein Kapitelsaal.

Restaurant: Unter den Arkaden an der Piazza del Popolo lassen sich die Weine aus Montalcino und ein leichtes Essen genießen. Äußerst kommunikativ ist **Le Logge di Piazza**, Piazza del Popolo 1, Tel. 05 7784 61 86. Im Inneren des Restaurants hat man einen fulminanten Ausblick auf die Umgebung.

Unterkunft: Nur zwölf Zimmer hat dieses Hotel, dafür ist aber ein kleines Restaurant im Haus: **Il Giglio**, Via Soccorso Saloni 5, Tel. 05 77 84 81 67, Fax 05 77 84 81 67, DZ 110 €, E-Mail: hotelgiglio@tin.it.

ⓘ Pro Loco, Costa del Municipio 8, Tel. 05 77 84 93 31

TIPP

Wenn die Weinfässer rollen

Was in Siena der Palio, ist für die ›poliziani‹ das Weinfässerrennen beim jährlichen ›Minnefest‹ am letzten Sonntag im August. Acht Auserwählte aus den acht Stadtteilen rollen fünf Zentner schwere Weinfässer durch die Straßen von Montepulciano, und 16 Vertreter der Stadtgebiete ziehen, begleitet von Fahnenschwingern und Trommelwirbeln, in bunten Renaissancekostümen durch die Gassen. Den Abschluss des ›Bravio delle Botte‹ bildet ein Festmahl rund um die Piazza Grande.

Kapitel in der Abtei von Sant' Antimo

Pienza ③

Eine Idealstadt der Renaissance sollte Pienza werden – so wollte es Enea Silvio Piccolomini, der spätere Papst Pius II. 1459 ging er daran, seinen Geburtsort, der damals noch Corsignano hieß, mit repräsentativen Gebäuden zu bestücken, ihn zum Bischofssitz zu erheben und ihn schließlich nach seinem Papstnamen umzutaufen. Obwohl Pius vor der Vollendung seiner Pläne starb, wurde Pienza ein kleines Gesamtkunstwerk.

Sehenswert: Der florentinische Baumeister Bernardo Rossellino schuf Straßen, Renaissance-Palazzi , Plätze und Brunnen. Das Zentrum bildet der trapezförmige Domplatz, die **Piazza Pio II.**, mit dem **Duomo Santa Maria Assunta** (1459 – 1462). Diesem gegenüber steht der **Palazzo Comunale** mit Loggia im Erdgeschoss. Der prächtige **Palazzo Piccolomini** begrenzt die Ostseite, der **Palazzo Borgia**, ehemals Bischöflicher Palast, die Westseite des Platzes. Im **Museo Diocesano** neben dem Palazzo Borgia sind wertvolle Tafelbilder aus dem 14. Jh. sowie das Gewand von Papst Pius II. zu sehen (geöffnet tgl. außer Di. 10.00 – 13.00 und 15.00 – 18.30 Uhr).

Unterkunft: In einem früheren Kloster mit schönem Innenhof residiert heute das stilvol-

Die Piazza Pio II. von Pienza ist ein Musterbeispiel für einen Renaissanceplatz

le Hotel **Il Chiostro di Pienza**, Corso Rossellino 26, Tel. 05 78 74 84 00, Fax 05 78 74 84 40, DZ ab 140 €, www.davidspa.com.

Umgebung: Auf einer Anhöhe, etwa 10 km südwestlich von Pienza, liegt **San Quirico d'Orcia**, früher ein Durchgangsort von Kaisern und Heerzügen – auch Friedrich II. hielt hier Hof –, heute eine beschauliche Kleinstadt. Von einer bewegten Vergangenheit zeugen im Zentrum heute noch die schöne romanische Stiftskirche, die Collegiata d'Osenna (12./13. Jh.) sowie der Palazzo Chigi, heute ein Kulturzentrum. Auch **Bagno Vignoni**, etwa 5 km weiter südlich, thront über dem Orcia-Tal. Mittelpunkt des winzigen Kurortes ist das einstige Thermalbecken. Gebadet wird heute allerdings nicht mehr hier, sondern im Thermalbad des Kurhotels Posta Marucci oder in den natürlichen Becken unterhalb des Ortes.

ⓘ Ufficio Informazioni, Corso Rosellino 59, Tel. und Fax 05 78 74 90 71.

MONTEPULCIANO 4

TOP ZIEL Der majestätisch zwischen dem Val di Chiana und dem Val d'Orcia auf einem Tuffsteinhügel gelegene Ort ist nicht nur Wein-, sondern auch Musikkennern – seit 1976 wird hier das renommierte Hans-Werner-Henze-Festival ausgetragen – längst zu einem Begriff geworden. Und natürlich auch Kunstliebhabern, die in den steilen Gassen schön renovierte Häuserensembles vorfinden. Die 14500 Bewohner werden auch ›poliziani‹ genannt, abgeleitet vom römischen Mons Politianus.

Sehenswert: Noch vor dem nördlichen Stadttor, der Porta al Prato (14. Jh.), liegt die Kirche der heiligen Dominikaneräbtissin Agnese Segni, **Sant' Agnese** (1263 – 1317). Vorbei an der Piazza Savonarola mit der Barockkirche **San Bernardo** geht es hinauf durch den lang gezogenen Corso. Der **Palazzo Avignonesi** mit Spätrenaissancefassade und weitere Palazzi mit Wappenschmuck sowie lateinischen oder etruskischen Inschriften säumen die steile Straße. Auf die **Piazza Grande** – offiziell Piazza Vittorio Emanuele –, den höchsten Punkt der Stadt, gelangt man durch die Porta delle Farine im Südosten. Dominant wirkt der **Palazzo Comunale** (1440 – 1465) nach Entwürfen von Michelozzo, bescheiden der frühbarocke **Dom** mit seiner unvollendeten Fassade. Im **Palazzo Contucci** (1519) residiert nach wie vor eine der reichsten Familien des Weinanbaus. Daneben steht der im Stil von Sangallo errichtete **Palazzo Nobili Tarugi** (1520) und ein Brunnen mit zwei Greifen, Löwen und dem Medici-Wappen.

Restaurant: Eine alte Osteria mit traditionellen Gerichten und örtlichen Weinen: **La Grotta**, Loc. San Biaggio, Tel. 05 78757479 (Mi. Ruhetag, obere Preiskategorie).

Unterkunft: Im Zentrum liegt das sympathische **Il Marzocco**, Piazza Savonarola, Tel. 0578 75 72 62, Fax 05 78 75 75 30, DZ ab 70 €.

Umgebung: Außerhalb der ringförmigen Stadtmauer, etwa 2 km entfernt, geht es durch eine Zypressenallee zur Renaissancekirche **Madonna di San Biagio**, deren Zentralbau 1518 von Antonio da Sangallo begonnen wurde. Etwa 20 km nördlich von Montepulciano, auf einer 400 m hohen Hügelkuppe am Westrand der Val di Chiana, sitzt **Lucignano**, eines der schönsten mittelalterlichen Städtchen in der Toskana überhaupt mit engen, kopfsteingepflasterten Gassen und einer Pfarrkirche auf dem höchsten Punkt des Ortes (San Michele, 16. Jh.).

Auf bezaubernder Strecke erreicht man 6 km südlich von Montepulciano den Thermalort **Chianciano Terme**, der für seine schwefel- und jodhaltigen Quellen bekannt ist. Im alten Teil von Chianciano Terme mit einem Palazzo del Podestà (13. Jh.) sind die Reste einer Stadtmauer etruskischen Ursprungs erhalten. Das zu Beginn des 20. Jh.s entstandene Kurzentrum besitzt zwei schöne Parks: Im Parco di Fucoli gibt es eine Rollschuhbahn, Boccia- und Tennisplätze, im Parco Acqua Santa mit Kurhaus flanieren die Gäste.

ⓘ Montepulciano: Pro Loco im Rathaus, Tel. 0 57 87 70 80. Chianciano Terme: PT, Piazza Italia 67, Tel. 0 57 86 31 67, www. chianciano.turismo.toscana.it

CHIUSI 5

Kaum zu glauben, dass das kleine Städtchen (9000 Einw.) an der Grenze zu Umbrien zur Etruskerzeit einer der mächtigsten Stadtstaaten der Toskana war. Der gesamte Ort ist in seiner Blütezeit völlig unterhöhlt worden, und die Einheimischen graben – so wird kolportiert – auch heute unter ihren Häusern immer noch weiter, um etruskische Schätze zutage zu fördern.

Sehenswert: Die Geschichte des **Duomo San Secondiano** reicht bis ins 6. Jh. zurück. Seine heutige Gestalt mit Glockenturm (13. Jh.) und den 18 antiken Säulen im Inneren erhielt er im Wesentlichen im 13. Jahrhundert. Das **Dommuseum** (geöffnet tgl. 9.30 – 12.30 und 14.00 – 19.00 Uhr, im Winter nachm. geschl.) zeigt 22 mit Miniaturen ausgestattete Chorbücher aus dem 15. Jh. aus der Abbazia di

TIPP

Bei den Etruskern

Neben dem Archäologischen Museum sind die Höhlengräber bei Chiusi ein ›Muss‹ für alle, die sich mit der Kultur der Etrusker etwas näher befassen wollen. Einige der Gräber schmücken Wandmalereien, die Wettkämpfe, Musikanten und Feste und nicht zuletzt den Totenkult zeigen. Die ›Tomba della Scimmis‹ erhielt ihren Namen von dem Affen, der sich auf einem der Wandbilder findet. Für eine Besichtigung der Etruskergräber kann man sich im Archäologischen Museum anmelden.

Aussichtsreich: Monticchiello bei Montepulciano

Infos

TIPP

Kunst trifft Natur

– das verspricht eine interessante Begegnung zu werden. Daniel Spoerri, dem Objektkünstler aus der Schweiz, ist dies mit seinem Giardino gelungen. Am Fuße des Monte Amiata, bei dem kleinen Weiler Seggiano, verwandelte er ein 15 ha großes Anwesen in einen Skulpturenpark. Hirschgeweihe röhren hier nicht von der Wand – wie sonst bei Spoerri –, sondern tragen einen Tisch, und mitten auf einer Lichtung lagert ein Labyrinth. Ein kleiner botanischer Lehrpfad fügt sich dezent in den Kunstgarten ein, der nicht im Schnelldurchgang, sondern gemächlichen Schrittes entdeckt werden will (geöffnet Ostern – Okt. tgl. außer Mo., Anfahrtsbeschreibung unter www.danielspoerri.org).

Monte Oliveto Maggiore. Im **Labirinto di Porsenna**, vom Museum aus zu erreichen, ist ein Labyrinth aus unterirdischen Gängen aus dem 1. Jh. v. Chr. zu besichtigen. Das sehenswerte **Archäologische Museum** birgt etruskische, römische und griechische Kostbarkeiten (geöffnet tgl. 9.00 – 20.00 Uhr).

Restaurants: **La Solita Zuppa**: Wie der Name schon sagt, sind Suppen hier die Spezialität (Via Porsenna 21, Tel. 05 65 93 90 03, Di. Ruhetag). Das **Zaira** im historischen Zentrum (Via Arunta, Tel. 057 82 02 60) hat einen Weinkeller, den man über Tuffgänge und Grotten erreicht – ein echtes Erlebnis!

Unterkunft: Hotel-Restaurant **La Fattoria**, etwa 3,5 km nördlich von Chiusi, direkt am Lago di Chiusi. Freundliches, ruhiges Haus mit wenigen Zimmern, Tel. 05 78 27 44 07, Fax 05 78 27 45 94, E-Mail: lafattoria@ftbcc.it, DZ 100 €.

Umgebung: In **Cetona**, 6 km südlich von Chiusi, wandelt man ebenfalls auf den Pfaden der Frühgeschichte, entweder im Prähistorischen Museum (im Rathaus) oder im Archäologischen Naturpark.

ⓘ Ufficio Turismo, Via Porsenna 67, Tel. 05 78 22 76 67

MONTE AMIATA ⑥

Der höchste Berg in der südlichen Toskana (1783 m) ist ein ehemaliger Vulkan. Eichen- und Buchenwälder bedecken seine Abhänge und Ausläufer, die sich hervorragend als Wanderrevier eignen.

Sehenswert: Das in 680 m Höhe am Hang des Monte Amiata gelegene Bergdorf **Arcidosso** ist ein idealer Ausgangspunkt für Wanderungen und Exkursionen. Südlich von Arcidosso, am Hang des Monte Labbro, leben Mufflons, Damwild und Wölfe – nicht ganz in der freien Natur, sondern durch den Palisadenzaun des **Parco Faunistico** vor den Besuchern geschützt (Eingang im Ort Zancona). An der Ostflanke des Monte Amiata liegt eines der ältesten Klöster der Toskana, die **Abbadia di San Salvatore**. Im 8. Jh. legten Langobarden den Grundstein für das Kloster, das seit 1228 von Zisterziensern bewohnt wurde. Laut einer Überlieferung ruhte sich Karl der Große im Jahre 800 auf seinem Krönungszug nach Rom hier aus. 1782 wurde das Kloster geschlossen, seit 1939 gehört es wieder den Zisterziensern. Von der ursprünglichen ›Abtei des Heiligen Erlösers‹ blieb die mehrmals umgebaute romanische Kirche erhalten. Bauhistorisch spektakulär ist ihre Krypta aus vorromanischer Zeit.

CORTONA ⑦

Auf der Hügelkette an der Ostseite des Val di Chiana liegt am steilen Hang des Monte San Egidio Cortona (22 500 Einw.), eines der meist besuchten toskanischen Städtchen. Der Heimatort des Renaissancemalers Luca Signorelli gehörte schon zum Zwölfstädtebund der Etrusker und war im 12./13. Jh. eine freie Kommune.

Sehenswert: Auch heute noch umschließt ein gut erhaltener, 2,8 km langer Mauerring die Stadt. Von der **Porta S. Agostino** (großer Parkplatz) geht es steil hinauf zum zentralen Platz der Stadt, der **Piazza della Repubblica** mit dem **Palazzo del Popolo** (14. – 16. Jh.) an der Ostseite und dem **Palazzo Comunale** (1241), zu erkennen an seiner breiten Freitreppe (16. Jh.) und dem Uhrturm. Etwas weiter oben am Hang liegt die **Piazza Signorelli**, die vom **Palazzo Casali** mit seiner Wappen geschmückten Fassade beherrscht wird. Das dortige **Etruskische Museum** zählt ein paar seltene Alltagsgegenstände aus vorchristlicher Zeit zu seinen Schätzen (geöffnet April bis Okt. Di. – So. 10.00 – 19.00, sonst 10.00 bis 13.00 und 15.00 – 17.00 Uhr). Der **Dom Santa Maria** ist überwiegend ein Werk von Giuliano da Sangallo (1445 – 1516). Gegenüber liegt die **Chiesa del Gesù** (1498 – 1505) mit dem Diözesanmuseum, zu dessen Hauptwerken die farbenfrohe ›Verkündigung‹ von Fra Angelico und ein Triptychon zum Leben des hl. Dominikus gehören. **San Francesco** ist die zweitälteste Franziskanerkirche (Baubeginn: 1245). Zahlreiche Bars, Cafés und Läden liegen an der **Via Nazionale**, die am Platz der Republik beginnt und durch das Zentrum von Cortona führt. Sie endet bei der **Piazza Garibaldi**, unweit der Kirche **San Domenico** (15. Jh.). Dem Dominikanerkloster, das wie üblich an der Stadtmauer lag, gehörte auch der Maler Fra Angelico an (1400 – 1455).

Restaurant: In der Via Dardano 27 bietet die familiengeführte **Trattoria Dardano** preiswerte toskanische Gerichte und einen recht passablen Hauswein, Tel. 05 75 60 19 44.

Unterkunft: In der Località **San Martino Il Falconiere**, einem Landgut aus dem Jahre 1600, sind die Zimmer mit antiken Möbeln ausgestattet, Tel. 05 75 61 26 16, Fax 05 75 6129 27, www.italfalconiere.com, DZ 200 €.

Umgebung: 4 km östlich von Cortona, ebenfalls am Hang des Monte Sant' Egidio, liegt der Franziskanerkonvent **Convento delle Celle**. Die ersten Mönchszellen dort wurden 1211 von Franziskus von Assisi gegründet. In der Kirche (1573) sind Klosterzellen zu besichtigen, darunter die des hl. Franziskus.

ⓘ APT, Via Nazionale 4, Tel. 05 75 63 03 52, Fax 05 75 63 06 56

SPECIAL

Fleischgenuss

Eine der Spezialitäten der Toskana ist die ›bistecca alla fiorentina‹, ein Fleischgericht aus Rippensteak und Filet vom Rind. Kenner geraten vor allem dann ins Schwärmen, wenn das Fleisch von den weißen Chianina-Rindern stammt. Allerdings dürfen diese keinen Stress erleiden, denn gestresste Tiere haben zu feste Sehnen und die ›Bistecca‹ soll ja fest und dennoch zart sein. Der Geschmack des kaum marmorierten Fleischs ist nahezu unübertroffen, wenn die weißen Rinder die wohlschmeckenden Kräuter auf den Weiden im Südosten der Valdichiana, bei Cortona, gefressen haben. Vorsichtig sollte man beim Bestellen der ›bistecca‹ aus einem ganz speziellen Grund sein: Schon mancher hat sich mit dieser Fleischportion übernommen, denn die Stücke sind normalerweise gut drei Finger dick und zwischen 500 und 1000 g schwer!

Den Etruskern auf der Spur

Die Geschichte der Toskana ist vor allem eine Geschichte ihrer Städte. Doch nicht erst seit dem Mittelalter. Noch bevor die Römer das Gebiet unter ihre Herrschaft bringen konnten, gründeten die Etrusker Städte, die in einem losen Verbund organisiert waren. Ihre Handelsbeziehungen reichten weit über die Grenzen von Südeuropa hinaus, ihre Kultur gibt bis heute Rätsel auf. Die Sumpfgebiete im Süden der toskanischen Küste haben sie als Erste entwässert. Erst durch sie konnte die Maremma zu einer Kulturlandschaft werden.

Willkommen auf der Insel! Im Hafen von Giglio Porto ticken die Uhren noch ein bisschen anders als auf dem Festland.

▲ *Pferde in der Maremma*

▼ *Maßanfertigung für die ›Maremma-Cowboys‹*

▲ *Römisches Pflaster in der Etruskernekropole Roselle*

▼ *Typisch für die Maremma: Pinienallee*

▼ *Fischer in Castiglione della Pescaia*

Es ist noch nicht so lange her, da war die Maremma ein unbewohnbares Sumpfland. Niemand wollte freiwillig in diese Gegend ziehen, wo immer wieder die Malaria wütete und man den Boden erst einmal entwässern musste, bevor man ihn bebauen konnte. Dabei war die Maremma sowohl bei den Etruskern als auch bei den Römern wegen ihrer Nähe zur Küste sehr beliebt. Natürlich nur unter der Maßgabe, Kanäle zur Entwässerung anzulegen und diese auch zu pflegen. Seit dem 15. Jh. hatten sich die Sümpfe allerdings in dem küstennahen Schwemmland erneut ausgebreitet. Selbst die Via Aurelia, die einst Frankreich mit Rom verbunden hatte, stand im Mittelalter unter Wasser.

Vom Sumpfland zum Weinland

Heute ist die Maremma weitgehend trockengelegt und eines der großen Anbaugebiete für Gerste, Mais, Obst und Gemüse. Große Hoffnungen werden in den Weinanbau gesetzt. Die Maremma als das künftige Chianti? Für viele ist das nur noch eine Frage der Zeit, doch es gibt auch Stimmen, die diese Einschätzung mit Skepsis betrachten. Man wird sehen. Sicher ist aber, dass die Maremma als Urlaubsregion in den letzten Jahren dazugewonnen hat. Endlose Pinienalleen, Badeorte mit langen Sandstränden, ein einzigartiger Naturpark und ein weitgehend untouristisches Hinterland, das zu sportlichen Aktivitäten einlädt – wer könnte da noch behaupten, der ›Wilde Westen‹ der Toskana hätte nichts zu bieten?

Der Silberberg

Etwas weiter südlich an der Via Aurelia, die heute als vierspurige Schnellstraße die Küstenregion durchschneidet, schiebt sich eine Halbinsel ins Tyrrhenische Meer. Der Monte Argentario ist durch drei Landzungen mit dem Festland verbunden, die von feinen Sandstränden gesäumt sind. Zu ihnen gelangt man über versandete Pfade, die meist durch kleine Pinienwäldchen führen. Besonders die Großstadt geplagten Römer suchen hier an heißen Wochenenden Ruhe und Erholung. Noch sind sehr wenige ausländische Touristen anzutreffen. Die mittlere Landzunge, die mindestens vor etwa zwei Jahrtausenden entstanden sein muss, war wohl schon im 8. Jh.

Giglio: Steilküste bei Punta Faraglione ...

... Traumstrand in der Cala dell'Arenella

Eine Spezialität auf Giglio sind Fischgerichte

von den Etruskern besiedelt. Heute liegt hier das idyllische, Palmen bewachsene Städtchen Orbetello, wo Zitronen und Orangenbäume blühen. Auf den beiden anderen Sandbänken, der Tombolo di Feniglia im Süden und der Tombolo di Gianella im Norden, führen Straßen auf den Macchia überzogenen ›Silberberg‹, der vielerorts einen verwunschenen Eindruck macht. Überall an der felsigen Küste gibt es Badebuchten mit Grotten und kleinen Höhlen. Noch vor kurzem war Porto Santo Stefano ein Fischerhafen wie viele andere, heute künden luxuriöse Jachten und Motorboote bereits von wohlhabenden Besuchern. Wer das Innere der Halbinsel zu Fuß erkunden und die Stille der Natur genießen möchte, kann auf alten Maultierpfaden die hügelige Wildnis durchstreifen, in der es nach Lavendel, Rosmarin und Pinien duftet.

▲ Hafenpromenade in Giglio Porto

SPECIAL

Der Weiße aus Pitigliano

Weißweine sind in der Toskana rar, deshalb schätzen Kenner den Bianco di Pitigliano aus der Provinz Grosseto besonders. Wie der Name sagt, wachsen die Reben für diesen trockenen und leicht bitteren Tropfen in der Umgebung des pittoresken Städtchens Pitigliano. Der DOC-Wein besteht zu 65 bis 70 Prozent aus Trebbiano-Toscano-Trauben und passt besonders gut zu Fischgerichten.

▼ Von hier gehts nach Giglio: Porto Santo Stefano

Hafenatmosphäre

Im Hafen von Porto Santo Stefano wartet danach der Trubel: Von hier legen die Fähren zu den Inseln Giglio und Giannutri ab – meist mit Tauchsportlern an Bord. Nicht weniger frequentiert ist der Küstenort Port' Ercole, ebenfalls auf der Halbinsel des Monte Argentario gelegen. Vom Festland aus dauert es höchstens eine Viertelstunde, bis man hier anlangt. Auch in Port' Ercole, einstmals ein kleines Fischernest, ist die Uferpromenade inzwischen von Restaurants gesäumt. Verglichen mit anderen Küstenorten Italiens geht es hier allerdings immer noch sehr gemütlich zu. In den Gassen von Port' Ercole kann man es noch finden, das nahezu unverfälschte Flair von Bell' Italia.

▲ *Pitigliano, die Stadt auf dem Tufffelsen*

▲ *Tomba Ildebranda bei Sovana*

▼ *Die reifen Oliven werden in großen Netzen aufgefangen und eingesammelt*

▼ Kostenloses Vergnügen: ein Bad in den warmen Quellen von Saturnia

▼ Phantasievolle Kunst im Giardino dei Tarocchi

Geheimnisvolle Kultur

Mal schauen sie ernst, mal heiter, die steinernen Zeugen der Etrusker. Vor rund 3000 Jahren begann ihre Geschichte, die bis heute Rätsel aufgibt. Vor allem eine Frage beschäftigt die Forschung: Woher hatten die Etrusker die Kenntnisse der Eisenerzverhüttung? Woher bezogen sie ihr Wissen über die Metallurgie, wie entwickelten sie ihre erstaunliche Goldschmiedekunst?

In der Nähe der Küste, aber doch in sicherem Abstand, gründeten sie die ersten Städte – darunter Roselle und Vetulonia bei Grosseto –, denen weitere im Landesinneren folgten. Einen etruskischen Flächenstaat hat es nie gegeben, dafür selbstständige Stadtstaaten, die sich zu einem Zwölferbund zusammengeschlossen hatten. Sechs dieser Städte liegen heute auf dem Gebiet der Toskana: Arezzo, Chiusi, Cortona, Roselle, Populonia und Volterra. Die politische Führung lag zunächst bei einem König, später wurde sie vom Land besitzenden Adel wahrgenommen. Die Nachfrage in Europa nach Eisen, Kupfer und silberhaltigem Blei war in dieser Zeit sehr groß, und so entwickelte sich der Bergbau zu einem Gewinn bringenden Gewerbe für die Etrusker. Das zweite Standbein der etruskischen Wirtschaft war der Handel, der sie auf dem Landweg bis über die Alpen, auf dem Seeweg – die Etrusker waren versierte Schiffsbauer und erfahrene Seefahrer – bis nach Griechenland und Südfrankreich führte.

Trotz all ihrer technischen und kulturellen Errungenschaften konnten sich die Etrusker nicht gegen die neue Macht auf der italienischen Halbinsel durchsetzen: die Römer. Was von ihnen blieb, ist das kulturelle Erbe, das man heute vor allem in den archäologischen Museen der Region sowie in den freigelegten Gräbern und den Nekropolen der einstigen Etruskerstädte bestaunen kann.

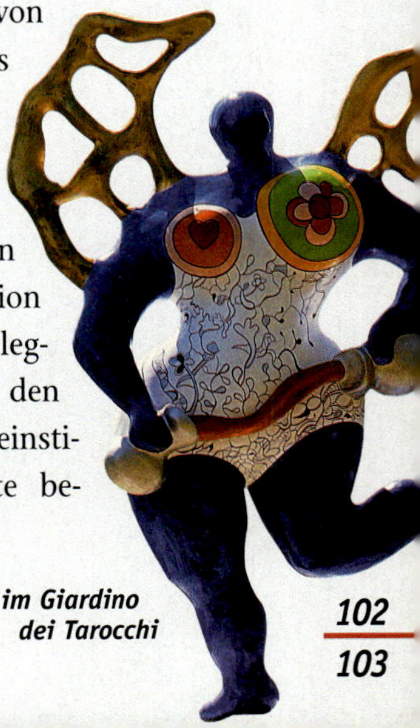

Skulptur im Giardino dei Tarocchi

GROSSETO
CASTIGLIONE DELLA PESCAIA
FOLLONICA
ORBETELLO
Monte Argentario
Porto S.Stéfano
Porto Ercole
Í.del Giglio
Giglio Porto
Giglio Castello
Giglio Campese
Í.di Giannutri
Formiche di Grosseto
Parco della Maremma
Monti dell'Uccellina
Talamone
MAGLIANO IN TOSCANA
MANCIANO
Satúrnia
PITIGLIANO
SOVANA
Sorano
Capálbio
Ansedónia
MONTALTO DI CASTRO
TARQUINIA
TUSCANIA
CANINO
VALENTANO
MONTEFIASCONE
BOLSENA
Lago di Bolsena
ACQUAPENDENTE
Monti Volsini
Selva del Lamone
Piana del Diavolo
M.Amiata
ABBADIA S.SALVATORE
RADICOFANI
Arcidosso
S.Fiora
Scansano
Roccalbegna
Campagnático
Montepescali
Vetulónia
Scarlino
Istia d'Ombrone
Roselle (Rusellae) Anfiteatro romano
Pineta del Tómbolo
Marina di Grosseto
Principina a Mare
Marina di Alberese
FICULLE
1
2
3
4
5
6
7
44
80
92
Maßstab 1:375.000
0
6 km

Infos

Sandstrände wie dieser bei Marina di Alberese sind typisch für die Maremma

Grosseto 1

Rund 10 km vom Meer entfernt liegt das ehemalige römische Kastell, aus dem im Mittelalter Grosseto entstand. Seinen ersten Aufschwung erlebte es unter den Großherzögen der Toskana, doch im Schwemmland des Ombrone drohte noch jahrhundertelang die Malaria. Zwischen 1574 und 1593 sorgten die Medici für weitere Entwässerungskanäle und verstärkten die Stadtbefestigung. Sechs mächtige Mauerbastionen umschließen heute das historische Zentrum.

Sehenswert: Ein Rundgang auf der Mauer der **Befestigungsanlage**, die Leopold II. 1835 in einen Wallgarten umbauen ließ, vermittelt einen ersten Eindruck von der Altstadt, die Lucca zum Verwechseln ähnlich sieht. Unübersehbar ist der markante **Duomo** auf der Piazza Dante mit seiner rotweiß gestreiften Marmorfassade, die 1840 – 1845 im Sieneser Stil erneuert wurde. Nur das Südportal weist noch die Handschrift von Sozzo di Rustichino auf, der das Gotteshaus im ausgehenden 13. Jh. auf den Grundfesten einer älteren Kirche errichtete. Mehrmals wurde das Dominnere restauriert, herausragend im linken Querschiff ist die ›Himmelfahrt Mariens‹ (1474) von Matteo di Giovanni. Die **Piazza Dante** bildet den sakralen und weltlichen Mittelpunkt zugleich. Ein Denkmal huldigt dem letzten habsburgischen Erbgroßherzog Leopold II. (1797 –1870). Wie der Dom wurde auch der Palast der Provinzregierung historisierend im sienesischen Stil nachempfunden, das **Rathaus** neben dem Dom ähnelt wiederum einem florentinischen Palast. Im Palazzo del Vecchio Tribunale an der Piazza Baccarini ist das **Museo Archeologico e d'Arte della Maremma** mit Funden der Villanova-Kultur, aus der Zeit der Etrusker und Römer sowie auch eine Sammlung mittelalterlicher Kunstwerke beheimatet.

Wehrhaft: das Rathaus von Grosseto

TIPP

Cowboys der Maremma

›Butteri‹ nennen sich die berittenen Viehhirten in der Maremma, die frei laufende Rinder durch unwegsames Gelände und sumpfige Ebenen treiben. Wer ihnen bei der Arbeit zuschauen möchte, kann sich bei der Azienda Regionale Agricola di Alberese für einen Besuch ›vor Ort‹ anmelden, Tel. 05 64 40 71 80.

Restaurant: Ein kleines, urgemütliches Lokal mit landestypischer Küche ist das **Il Canto del Gallo**, Via Mazzini 29, Tel. 05 64 41 45 89 (Platzreservierung empfohlen!).

Unterkunft: Gehobenen Standard in Domnähe bietet das **Bastiani Grand Hotel**, Piazza Gioberti 64, Tel. 05 64 42 00 47, Fax 05 64 42 93 21, DZ 200 €.

Umgebung: Knapp 10 km nordöstlich von Grosseto lohnen die **Nekropolen von Roselle** einen Besuch. Es handelt sich dabei um die Überreste der Etruskerstadt Rusellae, die dem Zwölferbund angehörte. 20 km nordwestlich von Grosseto ist mit **Vetulonia** ein intaktes Dorf zu besichtigen, das am Fuße des Poggio Bruno liegt und einen herrlichen Ausblick bietet. Unter dem Namen Vatluna war der Ort ebenfalls eine Etruskerhochburg und reich an Gold-, Silber- und Erzvorkommen. Entsprechend prunkvoll bestatteten die Etrusker hier ihre Verstorbenen. Einige kostbare Schmuckstücke sind im Museo Archeologico Antiquarium (geöffnet Okt. – März tgl. 10.00 – 16.30, April/Mai bis 18.00, Juni bis Sept. 10.00 – 14.00 und 16.00 – 20.00 Uhr) zu bewundern, vieles wanderte jedoch in die archäologischen Sammlungen etwa von Grosseto oder Florenz. Die ausgeschilderten Grabstätten befinden sich im Nordosten und im Westen der antiken Stadt an den Hängen von Vetulonia.

ⓘ APT, 6, Viale Monterosa 206, Tel. 05 64 46 26 11, Fax 05 64 45 46 06, E-Mail: aptgrosseto@grosseto.turismo.toscana.it

Castiglione della Pescaia 2

An der Mündung des Bruna-Flusses, am Rande von Pininenwäldern, liegt der im Sommer viel besuchte mittelalterliche Fischer- und Hafenort Castiglione della Pescaia.

Sehenswert: Der beste Ausblick auf den Ort bietet sich von der **Rocca Aragonese** (14./15. Jh.). Auf den Bergsporn, auf dem die Burg steht, gelangt man durch hübsche alte Gassen. Nach einem Bummel über die Promenade sollte man den **Fischmarkt** an der Hafenmauer aufsuchen und wenn möglich, gleich ein paar frische Fische ins Einkaufsnetz stecken.

Restaurant: Köstliche Spezialitäten der Maremma bietet die **Osteria del Buco**, Via del Recinto 11, Tel. 05 64 93 44 60 (nur abends).

Unterkunft: Mitten in einem Pinienwald liegt die familienfreundliche Ferienanlage **Riva del Sole** mit modernen Hotelzimmern und Bungalows, Località Riva del Sole, Tel. 05 64 93 36 25, Fax 05 64 93 56 07, DZ 210 €.

Umgebung: Durch die herrlichen Pinienwälder der Pineta del Tombolo fährt man an der Küste entlang in den ca. 1 km südlich gelegenen Badeort **Marina di Grosseto**, wo es einen schönen langen Sandstrand und gute Einkaufsmöglichkeiten gibt.

ⓘ Ufficio Informazioni, Piazza Garibaldi 6, Tel. 05 64 93 36 78, Fax 05 64 93 54.

Parco Naturale della Maremma 3

Maremma heißt so viel wie ›zum Meer gehörend‹ oder ›am Meer gelegen‹ und bezeichnet den südlichen Teil der toskanischen Mittelmeerküste. Typisch für diese flache Landschaft, die im Osten von den Hügeln der Colline Metallifere begrenzt wird, sind Weideflächen, Sanddünen und dahinter Pinienwälder sowie zahlreiche Entwässerungskanäle. Ursprünglich war die Maremma nämlich ein Sumpfland, in dem bis ins 19. Jh. hinein die Malaria grassierte und die Menschen überwiegend in Armut lebten. Die Entwässerungsmaßnahmen machten dann aus den einstigen Sümpfen fruchtbares Acker- und Weideland, auf dem heute sogar Wein angebaut wird.

Abendstimmung auf den Weiden in der Maremma

Naturpark: Der Küstenabschnitt zwischen Principina a Mare südlich von Castiglione della Pescaia und Talamone wurde 1975 zum Naturpark erklärt, um die Maremma-Landschaft zu erhalten. Der **Parco Naturale della Maremma** ist im Frühjahr und Herbst von 9.00 Uhr bis Sonnenuntergang für Besucher zugänglich, im Sommer nur mittwochs und an den Wochenenden. Es ist immer nur eine begrenzte Besucherzahl zugelassen, deshalb muss man sich unbedingt vorher anmelden. Acht Wanderwege durchziehen den 70 km^2 großen Park (Auskünfte und Anmeldung in Alberese, Centro visite, Via del Fante, Tel. 0564407098).

MONTE ARGENTARIO 4

Von Macchia bewachsene Hügel und eine schroffe Felsküste bestimmen das Bild der sonnenverwöhnten Halbinsel, die über zwei natürliche Sandbänke und einen künstlich angelegten Damm im Lauf der Zeit Anschluss an das Festland erhielt. Obgleich landschaftlich sehr reizvoll, blieb der ›Silberberg‹ ein exklusives Ferienrevier mit schön gelegenen Villen, kleinen Jachthäfen und vielen Buchten, in denen Segelboote ankern.

Sehenswert: Orbetello, in der Lagune vor der Halbinsel gelegen, ist ein verträumtes 15000-Einwohner-Städtchen mit einer wechselvollen Geschichte. Über der reizenden Altstadt mit zahlreichen Lokalen liegt ein morbider Charme. Imposante Reste einer Seemauer künden von etruskischen Vorzeiten. Weitere Befestigungsanlagen (16.–18. Jh.), gesäumt von Palmen, Zitronen- und Orangenbäumen und rot blühendem Oleander, stammen von den Spaniern, die hier vorübergehend herrschten. Der Dom, 1376 erbaut, ist mit seiner gotischen Travertinfassade schlicht ausgefallen.

Porto Santo Stefano, der Hauptort im Nordwesten der Halbinsel, hat sich von einem Fischerdorf zu einem umtriebigen Hafenstädtchen gewandelt, wo die meisten der Luxusjachten vor Anker gehen und die Fähren nach Korsika und zur Insel Giglio ablegen. Die Festungsanlage stammt von den Spaniern, die den Ort im 17. Jh. als Stützpunkt für ihre Handelsflotte nutzten. Von hier aus ist der höchste Berg der Halbinsel zu besteigen, der Monte Telegrafo (635 m) mit einer Sendestation und einer mächtigen Antennenanlage. Bei klarer Sicht blickt man bis nach Korsika hinüber und erkennt im Landesinneren den Monte Amiata.

Im Südwesten liegt in einer kleinen Bucht der dritte Ort auf dem Monte Argentario, überragt von zwei kleinen Kastellen und einem Fort. Bevor **Port' Ercole** im 19. Jh. zum Großherzogtum Toskana kam, war es ebenfalls in spanischer Hand. In der Kirche der malerischen Altstadt wurde 1610 Michelangelo da Caravaggio beigesetzt.

Veranstaltungen: Der **Fischmarkt** im Hafen von Porto Santo Stefano, der jeden Tag stattfindet, ist selbst unter den Einheimischen vom Festland ein Geheimtipp, die sich hier mit frischem Fisch und Meerestieren eindecken. Trubel herrscht hier stets auch am Ende des **›ferragosto‹**, des Sommerfestes zum 15. August, mit prächtigem Feuerwerk über dem Meer.

Restaurant: Orbetello zieht das ganze Jahr durch Menschen in sein kleines Zentrum. Die Lokale sind durchweg gut, und man sollte unbedingt vorab reservieren. **Il Nocchino**, Via dei Mille 64, Tel. 05 64 86 03 29, wartet mit einer kleinen Küche auf, aus der beste Pasta und tolle Fischgerichte kommen.

Unterkunft: Ein sympathisches, großzügiges Familienhotel mit Schwimmbad und Garten ist in Orbetello das **Vecchia Maremma**, SS 1 km 146 Quattrostrade, Tel. 05 64 86 21 37, Fax 05 64 86 41 23 50, DZ 100 €.

Umgebung: Für Kunstfreunde ein lohnender Abstecher in den äußersten Süden: der **Giardino dei Tarocchi**, ein Skulpturengarten, den die Künstlerin Niki de Saint Phalle mit ihrem Lebenspartner Jean Tinguely im stillgelegten Steinbruch des Dörfchens Garavicchio eingerichtet hat. Bei den 22 surrealistisch anmutenden Figuren handelt es sich um Skulpturen aus einem Stahlgeflecht, das mit einer Zementschicht umhüllt und mit buntem Muranoglas, Keramikplatten und Spiegelscherben überzogen wurde. Als Vorlagen dienten die Bildnisse des uralten Wahrsagespiels Tarock. Im dazugehörigen Museumsshop findet man nicht nur Literatur zu der 2002 verstorbenen Künstlerin, sondern natürlich auch die aufblasbaren Nanas (geöffnet Mai – Okt. Mo. – Sa. 14.30 – 19.30, Nov. bis März jeden ersten Sa. im Monat 9.00 bis 13.00 Uhr kostenlos geöffnet; Gruppen ab 15 Personen können den Park nach Voranmeldung besuchen, Telefon 05 64 89 51 22).

ⓘ APT Orbetello, Piazza della Repubblica, Tel. und Fax 05 64 86 04 47;
APT Porto Santo Stefano, Corso Umberto 55 a, Tel. 05 64 81 42 08, argenurp@nevib.it

TIPP

Wellness

Die Einrichtungen des Vier-Sterne-Hotels Terme di Saturnia können auch Besucher nutzen, die hier nicht übernachten wollen. Natürlich ist der besuch des Thermalpools nicht kostenlos: Am Wochenende kostet das Vergnügen am Tag 14, sonst 12,50 €. Aber dafür gibt es Duschen – damit man den unangenehmen Schwefelgeruch des Thermalwassers wieder los wird –, eine Schönheitsfarm und ein Restaurant (Tel. 05 64 60 10 61, Fax 05 64 60 166).

ISOLA DEL GIGLIO 5

Die felsige Insel ist ein kleines Paradies für Taucher und Badeurlauber. Nur drei Dörfer und etwa 1700 ständige Bewohner gibt es auf Giglio, das nach Elba die zweitgrößte Insel der Toskana (21 km^2) ist. Die Fährschiffe von Porto Santo Stefano auf dem Monte Argentario kommen in Giglio Porto im Osten der Insel an, im Nordwesten liegt der Badeort Giglio Campese mit einer breiten Sandbucht, die von einer kleinen Festungsanlage geschützt wird, und in der Mitte das alte Dorf Giglio Castello.

Sehenswert: Der umtriebige Hafenort **Giglio Porto** ist das Tor zur Insel, und deshalb findet man hier auch das größte Angebot an Restaurants, Cafés und Geschäften. Den wuchtigen Torre del Porto ließ Großherzog Ferdinand I. 1596 errichten. Über ein Serpentinensträßchen erreicht man das befestigte alte Dorf **Giglio Castello**. Ein Granitfelsen, der in eine Ringmauer übergeht, markiert den trutzigen Eingang. Fenster in der Festung geben den Blick frei in das beschauliche Tal der grünen Insel. Von hier lassen sich auch Wanderungen unternehmen zum höchsten Hügel in diesem Naturparadies, zum **Poggio della Pagna** (498 m).

Infos

Veranstaltungen: Zu den schönsten Prozessionen im Jahresverlauf gehört der **Palio dei Somari** am 15. September. Die Gigliesen feiern das Volksfest zu Ehren des Inselheiligen Mamilianius mit einem bunten Umzug durch Giglio Castello.

Restaurant: Vorzüglich mit frischem Gemüse und natürlich Fisch auf dem Speisezettel ist **Arcobalena**, Giglio Castello, Tel. 0564061 06.

Unterkunft: Einen herrlichen Meeresblick hat man in dem netten Hotel **Arenella**, 3 km nordwestlich von Giglio Porto gelegen, Tel. 05 64 80 93 40, DZ 100 €.

Umgebung: Wer noch verlassenere Buchten zum Baden und Schnorcheln sucht, auf den wartet die **Isola di Giannutri**, die man mit Auto- und Personenfähren von Porto Santo Stefano (Monte Argentario) ansteuern kann. Im nordöstlichen Teil des knapp drei Quadratkilometer großen und flachen Eilandes sind Reste einer römischen Siedlung aus dem 1. und 2. Jahrhundert zu besichtigen. Dazu gehören eine ehemalige Therme sowie eine Patriziervilla.

ⓘ Pro Loco, Via Umberto 1/Piazza del Pontile, Tel. u. Fax 05 64 80 94 00.

Pitigliano 6

Zur Provinz Grosseto gehört das 4200 Einwohner zählende Städtchen Pitigliano, das auf einem Tufffelsen thront. Das von Schluchten umgebene Plateau haben die Etrusker offenbar auch schon geschätzt, denn die heute fast durchweg mittelalterlichen Häuser und ihre Vorratskeller, die verwinkelten Treppengassen, die Brunnen und die Festungsmauern gehen auf eine etruskische Siedlung zurück. Später folgten die Römer, und danach reiche Familien wie die Orsini und Strozzi.

Sehenswert: Aus dem 14. Jh. stammt der **Palazzo Orsini** mit majestätischen Zinnen, den der Renaissancebaumeister Giuliano da Sangallo später um einen Innenhof mit Brunnen erweiterte (heute Sitz des Museo Civico). 1545 ließ die Familie einen **Aquädukt** bauen, der von 15 Pfeilern gestützt wird. An der Piazza Gregorio VII. steht der Dom mit Barockfassade (18. Jh.). Die jüdische Gemeinde von Pitigliano errichtete im 16. Jh. eine Synagoge, die heute noch genutzt wird.

Umgebung: Wie verzaubert sitzt das Miniaturstädtchen **Sovana** auf einem Tuffsteinhügel. Es ist wohl noch älter als das 8 km entfernte Pitigliano und noch winziger, aber allemal einen Abstecher wert. Neben der fünfschiffigen Hallenkrypta des Doms und den Reliefs an seinen Pfeilerkapitellen ist die Kirche Santa Maria ebenfalls ein echtes Kleinod. Sie birgt eines der wenigen frühromanischen Kunstwerke der Toskana, einen Altarbaldachin aus Travertin (8./9. Jh.), ein sog. Ziborium. Über kurvenreiche Waldstrecken geht es zu zahlreichen etruskischen Nekropolen aus dem 4. – 2. Jh. v. Chr. Ausgeschildert ist auch die **Tomba Ildebranda**, ein in den Fels gehauenes Tempelgrab (3./Beginn 2. Jh. v. Chr.). Die beeindruckende Totenstätte geht auf Gregor II. zurück, der vormals den Namen Hildebrand trug.

Restaurant: Auf zwei Ebenen bietet die Mini-Trattoria **Il Tufo Allegro** ausgezeichnete toskanische Spezialitäten in dem Vicolo della Costituzione 2, Tel. 05 64 61 61 92.

Unterkunft: Günstig und angenehm ist das **Guastini**, Piazza Petrucciolo 16, Tel. 05 64 61 60 65, Fax 05 64 61 66 52. www. altamarema.it/alberghi/guastini, DZ 70 €.

ⓘ Pro Loco, Via Roma 6, Tel. 0564614433.

Saturnia 7

Von dem römischen Gott Saturn erhielt das für seine Thermalquellen berühmte Städtchen seinen Namen. Das alte Aurinia gehörte zum Gebiet des etruskischen Stadtstaates Vulci und war von der Villanova-Kultur (ca. 950 – 45 v. Chr.) bis in die römische Zeit besiedelt.

Sehenswert: Die **römische Festungsanlage** Saturnias, die auf die Machtübernahme Caesars 280 v. Chr. zurückgeht, öffnet sich im Westen mit der eindrucksvollen **Porta Romana**, einem imposanten Torbogen, durch den man zum **Schloss der Aldobrandeschi-Familie** gelangt, die im Mittelalter hier das Sagen hatte.

TOP ZIEL Die 37,5 Grad warmen, **schwefelhaltigen Quellen** von Saturnia kannten schon die Etrusker. Sie entspringen etwa 5 km außerhalb des Ortes. Man erreicht sie auch zu Fuß, wenn man durch das römische Tor hinab steigt. Unterhalb des noblen Kurhotels Terme di Saturnia ergießt sich das Thermalwasser über Travertinterrassen, die Cascate del Molino, in natürliche Becken. Das Baden in diesen Becken ist kostenlos. Ein Parkplatz und eine Bar sind in unmittelbarer Nähe, nur leider keine Duschen.

Restaurant: Teure regionale Küche in einem alten Palazzo gibt es bei **I Due Cippi – da Michele**, Piazza Veneto 26a, Tel. 05 64 60 10 74.

ⓘ Pro Loco, Piazza Vittorio Veneto 8, Tel. 05 64 60 12 80.

SPECIAL

Niki de Saint Phalle

Sie hieß wirklich de Saint Phalle. Nur nicht Niki. Die Künstlerin, die mit ihren großbrüstigen Nana-Figuren weltberühmt wurde, stammte aus einer alten französischen Adelsfamilie und wurde als Catherine Marie-Agnès Comtesse Fal de Saint Phalle 1930 in Frankreich geboren. Seit 1960 war sie in zweiter Ehe mit dem Schweizer Künstler Jean Tinguely verheiratet, mit dem sie zwischen 1979 und 1997 im Süden der Toskana den Giardino dei Tarocchi anlegte. Gut versteckt zwischen Bäumen glänzen die meterhohen, begehbaren Skulpturen in der Sonne. Mit diesem eigenwilligen Gesamtkunstwerk hat sich die Künstlerin einen Lebenstraum erfüllt. Die Einbindung des Gartens in die toskanische Kulturlandschaft entspricht durchaus der Tradition fantastischer Gärten des 16. und 17. Jh.s und erinnert an die Werke von Antonio Gaudì, von denen die 2002 verstorbene Künstlerin im übrigen schon in den 1950er-Jahren stark beeindruckt war.

Gut geschützt in einer Bucht liegt Giglio Porto, der Hafen der kleinen Ferieninsel Giglio

Weltberühmt: der ›Rote‹ aus dem Chianti

Agriturismo

Ländliche Ruhe und Nähe zur Natur sind garantiert, wenn man sich einen toskanischen Gutshof als Quartier aussucht. Zweites Plus: Meistens kommen auch die selbst angebauten Produkte – Käse, Gemüse, Oliven, Öl, Wein – auf den Tisch. Wer möchte, kann sich hier mit Halbpension verwöhnen lassen, muss dafür aber oft selbst sein Bett machen oder gar zu Besen oder Putzlappen greifen. Manche Zimmer oder Apartments werden auch für Selbstversorger angeboten und nur wochenweise vermietet. Adressen, Preise und Bedingungen sind in jedem Fremdenverkehrsbüro zu erfahren, Infos auch unter www. agriturismo.regione.toscana.it.

Anreise

Mit dem Auto: Die übliche Route nach Florenz verläuft von Deutschland und Österreich aus über Innsbruck und den Brenner sowie über Verona und Bologna. Eine Alternative für deutsche Touristen ist die Schweizer Strecke über Zürich und durch den St. Gotthard nach Mailand, Parma, Bologna bis Florenz. Für die Autobahnen in der Schweiz und in Österreich ist eine Vignette erforderlich, in Italien zahlt man Mautgebühr abhängig von der gefahrenen Strecke. Wer an die nordtoskanische Küste oder nach Pisa möchte, kann auch die Strecke über Parma und La Spezia nehmen.

Mit der Bahn: Florenz und andere große Städte wie Carrara, Pisa, Livorno, Grosseto und Arezzo können auch per Bahn erreicht werden. Entlang der Küste geht es von La Spezia (Ligurien) über Pisa, Livorno, Cecina nach Grosseto und Rom. Von Pisa führt die Linie über Empoli nach Siena. Weitere Routen sind Florenz – Arezzo – Cortona – Chiusi und Viareggio – Lucca – Pistoia – Prato – Florenz.

Der **DB AutoZug** fährt saisonal von Berlin, Düsseldorf, Frankfurt/Neu Isenburg, Hamburg und Hildesheim nach Livorno. Information, Beratung und Buchung über das DB AutoZug Servicetelefon 018 05/24 12 24 und unter www.dbautozug.de.

Flugzeug: Wichtigster Flughafen der Toskana ist der Aeroporto Galileo Galilei bei Pisa. Er wird von Linienmaschinen von verschiedenen deutschen Städten angeflogen. Kleiner und weniger stark frequentiert ist der Flughafen von Florenz, Amerigo Vespucci, in Peretola. An beiden Flughäfen gibt es einen Flughafenbus sowie Agenturen von Autoverleihern. Neuerdings nehmen auch Billigfluganbieter Kurs auf die Toskana, diese Angebote sollte man beachten.

Bus: Toskana-Reisen gehören zum Standard-Programm nahezu jedes Busunternehmens. Touringbusse fahren im Linienverkehr von vielen Städten Deutschlands nach Italien (www.deutsche-touring.com). In der Toskana selbst gibt es innerhalb der Städte ein gut funktionierendes Busnetz. Tickets müssen vor Antritt der Fahrt bei den Busunternehmen, in den Tabakläden (›tabacchi‹) oder Zeitungskiosken gekauft werden.

Ärztliche Hilfe

In der Toskana findet man in etwa dieselbe medizinische Versorgung wie in Mitteleuropa. Deutsche und Österreicher, die pflichtversichert sind, brauchen keinen Auslandskrankenschein mehr, um Arztrechnungen der italienischen Krankenversicherung vorzulegen. Schweizer Staatsbürger dagegen werden wie Privatpatienten behandelt und müssen ihren Arztbesuch sofort begleichen, können ihn nach ihrer Rückkehr in die Schweiz aber bei ihrer Kasse einreichen.

TIPP

Schon gewusst?

Eigentlich besteht das italienische Essen aus einer kalten Vorspeise (›antipasto‹), Suppe oder Pasta (›primo piatto‹), Hauptgang mit Fleisch (›secondo piatto‹), Käse (›formaggio‹), einer süßen Nachspeise (›dolce‹) sowie einem abschließenden Espresso. Früher musste man noch mit tadelnden Blicken rechnen, wenn man nur einen Vorspeisenteller und ein Pastagericht bestellte, heute sehen das die italienischen Gastwirte gelassener. Nicht umhin kommt man allerdings, das Gedeck (›coperto‹) zu bezahlen – egal, wie üppig oder bescheiden die Mahlzeit ausfällt. Noch ein Unterschied zu deutschen Gasthaus-Gewohnheiten: Ist man zu mehreren am Tisch, wird eine Gesamtrechnung verlangt und erst nach dem Bezahlen die Beträge für jeden einzelnen ermittelt.

Auskunft

Internet: www.enit.it, www.turismo.toscana.it www.toskana.net, www.emmeti.it

In Deutschland: Staatliches Italienisches Fremdenverkehrsamt (ENIT), Karl-Liebknecht-Str. 34, 10178 Berlin, Tel. 030/247 83 98, Fax 247 83 99, ENIT-BERLIN@t-online.de; Kaiserstraße 65, 60329 Frankfurt/Main, Tel. 069/23 74 30, Fax 069/ 23 28 94, ENIT.FFM@t-online.de; Goethestraße 20, 80336 München, Tel. 089/53 13 17, Fax 089/53 45 27; Prospekte (kostenfrei) unter Tel. 00 800 0048 25 42

In Österreich: Kärtnerring 4, 1010 Wien, Tel. 01/505163012, E-Mail: delegation.wien@enit. at

Reisedaten Toskana

Flug von Deutschland	Inlandsverkehr	Reisepapiere	Währung	Mietwagen	Benzin	Hotel	Ferienwohnung	Menü	Einfaches Essen	Ortszeit
Frankfurt/M.– Florenz ab 130 €	Busfahrt Florenz – Siena ca. 7 €	Personalausweis oder Reisepass	Euro	ab 95 € pro Tag (unbegrenzte Kilometer)	1 Liter Diesel ca. 0,9 €	DZ/Frühstück: Luxuskat. ab 250 €, Mittelklasse ab 80 €	Hochsaison Woche ab 450 €	3 Gänge mit Wein pro Pers. ab 20 €, Luxus ab 30 €	ab 10 €	MEZ

In der Schweiz: Uraniastr. 32, 8001 Zürich, Tel. 01/211 30 31 E-Mail: enit@bluewin.ch

In der Toskana: Agenzia per la Promozione Economica della Toscana (A.P.E.T.), Settore Turismo, Villa Vittorio Emanuele II, 62/64, 50134 Firenze, Tel. 055 46 28 01, Fax 05 54 62 80 39, für die einzelnen Gebiete (nicht immer identisch mit den Provinzen) gibt es die APT-Büros (Aziende di Promozione Turistica). Kleinere Orte verfügen über eigene Informationsbüros (Pro Loco oder Informazioni).

Behindertenhilfe

Behindertengerechte Zugänge zu Hotels, Restaurants oder Museen sind in der Toskana noch selten, werden aber nach und nach eingerichtet. Eine Liste der Hotels mit behindertengerechter Einrichtung ist bei den italienischen Fremdenverkehrsämtern erhältlich.

Botschaften und Konsulate

Deutschland: Honorarkonsulat der Bundesrepublik Deutschland, Via Lungarno Vespucci 30, Florenz, Tel. 055 28 17 89

Österreich: Konsulat der Republik Österreich, Liegi 33, Rom, Tel. 0 68 55 29 66

Schweiz: Schweizerisches Konsulat, Piazzale Galileo 5, Florenz, Tel. 055 22 34 34

Camping

In der Toskana liegen die meisten Campingplätze an der Küste, viele davon in reizvoller Umgebung. Beliebte Campingurlaubsziele sind die Inseln Elba und Giglio. Informationen über Campingplätze gibt es bei der ENIT (s. o.) und bei der Federazione Italiana del Campeggio, Via Vittorio Emanuele 11, 50041 Calenzano, Tel. 0039 055 88 23 91. Wie überall in Europa sollte man für die Hochsaison frühzeitig im Voraus buchen.

Essen und Trinken

Die toskanische Küche ist ausgesprochen herzhaft und vielseitig. An der Küste dominieren naturgemäß Fisch und Meeresfrüchte, im Landesinneren rühmt man sich diverser Wildschwein- oder Hasengerichte, deren Rezepte schon seit Generationen überliefert werden. Mit frischen Zutaten aus der Region und einem hervorragenden Olivenöl verstehen es die Toskaner, auch aus einer einfachen Mahlzeit etwas Besonders zu zaubern. Zu fast jedem Essen, sogar zu Pasta, wird Brot gereicht. Es ist ungesalzen, damit es den Geschmack des Gerichts nicht stört. Eine Besonderheit ist das toskanische Fladenbrot (›castagnaccio toscano‹), das aus Kastanienmehl, Olivenöl, Rosinen und Pinienkernen hergestellt wird.

Das Frühstück (›prima colazione‹) fällt für mitteleuropäische Verhältnisse mager aus. Es besteht normalerweise nur aus Kaffee mit etwas Gebäck – unter Umständen in der Bar um die Ecke unterhaltsamer und besser. Viele Hotels haben sich jedoch auf die Gewohnheiten der ausländischen Gäste eingestellt und bieten ein Frühstücksbüffet an. Das Mittagessen (›pranzo‹) wird zwischen 12.30 und 14.30 Uhr eingenommen, zum Abendessen (›cena‹) trifft man sich frühestens um 20.00 Uhr.

Vorspeisen: Als ›Vorspeise vor der Vorspeise‹ gelten die ›crostini‹, die gerösteten Brotscheiben, die mit Olivenöl beträufelt und mit frischen Tomaten, Pilzen oder – ein besonderer Gaumenschmaus – mit Geflügelleberpastete belegt werden. Danach folgt als echte Vorspeise etwa eine Auswahl an Wurstsorten – besonders lecker die Toskaner Salami, ›salame toscano‹, und der Toskaner Schinken, ›prosciutto toscano‹ – , frische Salate oder die typisch toskanische Bohnensuppe, ›ribollita‹, die im Ofen mit ein paar Zwiebelscheiben und etwas Olivenöl überbacken wird. Bevor sie in den Teller kommt, werden Brotscheiben vom Vortag in die Teller gelegt. Altes Brot wird auch für die ›panzanella‹ verwendet, den Brotsalat, der im Sommer besonders gerne gegessen wird.

Primo Piatto: Als ersten Gang gibt es in den meisten Restaurants Pasta mit Gemüse, Pilz- oder Fleischsauce, je nach Saison etwa mit Spargel oder mit Wildschweinragout. Die Varianten an der Küste sind Muschel- und Meeresfrüchte-Saucen.

Secondo Piatto: Als Hauptgang empfiehlt sich an der Küste ein Fischgericht, ansonsten reicht die Speisekarte in der Toskana vom berühmten Florentiner T-Bonesteak, ›bistecca fiorentina‹, über Kalbsschnitzelchen, Kalbsbeinscheiben (›osso buco‹) bis hin zu herrlichen Wildgerichten wie z. B. Braten vom Kaninchen (›coniglio‹), vom Wildschwein (›cinghiale‹) oder vom Lamm (›agnello‹). ›Arista‹ heißt ein würziger, nach Rosmarin duftender Schweinebraten.

Käse in allen Varianten

Als Beilagen (›contorni‹) werden gerne frische Gemüsesorten aus der Region (›verdure‹) wie z. B. Spinat (›spinaci‹) oder weiße gekochte Bohnen (›fagioli‹) gereicht. Unbedingt versuchen sollte man auch ›carciofi fritti‹ und ›fiori fritti‹, in Brotteig gehüllte und in Olivenöl gebackene Artischockenstücke bzw. Zucchiniblüten.

Nachtisch: Der Nachtisch besteht gerne aus Obstsalat oder einfach nur frischem Obst, ebenso beliebt sind Eis und Tirami su.

Getränke: **Wein** ist selbstverständlich d a s Getränk in der Toskana, insbesondere natürlich der Chianti. Allerdings gibt es zwischen den Chianti-Weinen sehr große geschmackliche Unterschiede, da die Trauben für den Rotwein-Klassiker sowohl in warmer Meeresnähe als auch auf steinigen Böden und in Höhenlagen bis zu 500 Metern gedeihen. So kommt es, dass etwa die Weine der Rufina weitaus herber ausfallen als ihre fruchtigeren Konkurrenten aus dem Süden oder jene aus Küstennähe.

Hervorragend ist nicht nur der Wein, sondern auch das **Mineralwasser** aus der Toskana, das es mit Kohlensäure (›con gas‹) oder ohne dieselbe gibt (›senza gas‹).

TIPP

Reiner Wein

Italienreisende Weinfreunde sollten eigentlich ›Merum‹ kennen. Merum? So hieß bei den Römern der reine Wein, der so süß und stark war, dass er vom Wirt erst mit Wasser zu ›vinum‹ verdünnt werden musste. ›Merum‹ nennt sich auch eine zweimonatliche Publikation, die den Liebhaber italienischer Weine unabhängig und kritisch informiert. Solchermaßen gerüstet kann er sich in Weingebieten, auf Weinkarten und in Weinläden zielsicher orientieren. Merum-Begründer und Chefredakteur Andreas März lebt und arbeitet in der Toskana und legt großen Wert auf den persönlichen Kontakt zu seinen Lesern, die er jeden Montag zu einem informativen, aber auch unterhaltsamen ›Degutreff‹ auf sein Oliven- und Weingut einlädt. Mehr über Merum und den Degutreff unter www.merum.info.

Vor dem historischen Umzug bei der Sagra del Tordo in Montalcino

Feiertage

1. Januar (Neujahr), 6. Januar (Dreikönigstag), Ostermontag (Karfreitag ist kein Feiertag in Italien!), 25. April (Tag der Befreiung vom Faschismus), 1. Mai (Tag der Arbeit), 15. August (Mariä Himmelfahrt), 1. November (Allerheilien), 8. Dezember (Unbefleckte Empfängnis), 25. und 26. Dezember (Weihnachten). An diesen Tagen sind Geschäfte und eventuell auch Museen geschlossen.

Jugendherbergen

Mittlerweile dürfen auch Menschen über 30 Jahren in den ›Ostelli‹ oder ›Alberghi per la gioventù‹ übernachten – vorausgesetzt, sie haben einen Jugendherbergsausweis des Heimatlandes mit dabei. Die meisten Jugendherbergen bieten auch Familienzimmer an. Auch hier gilt – je nach Reisezeit und Ort – vorbuchen.

Ostelli gibt es in Abetone, Arezzo, Castelfiorentino, Cavirglia, Cortona, Florenz, Greve in Chianti, Livorno, Lucca, Marina di Massa, Montaione, Portferraio, San Gimignano, San Giuliano Terme, Tirrenia (Calambrone), Sinea, Tavernelle Val di Pesa und Volterra.

Literatur

Reiseführer: Baedeker Allianz Reiseführer Toskana, 11. Auflage 2003; detaillierte Infos zu allen Orten und Landschaften der Toskana sowie ausführliche Routenbeschreibungen.

Belletristik: Giovanni Boccaccio: ›Das Dekameron‹, Winkler-Verlag (1999), Novellensammlung mit 100 Erzählungen, die ab 1348 nach der großen Pest in Florenz entstanden.

Überall in großer Auswahl: Lederwaren

Carlo Collodi: ›Pinocchios Abenteuer‹. Die fantasievolle Geschichte von der langnasigen Holzpuppe.

Elke Heidenreich: ›Nero Corleone‹ Sanssouci (2001), dtv (2003).

Carlo Fruttero und Franco Lucentini: ›Der Palio der toten Reiter‹ (1992) und ›Das Geheimnis der Pineta‹ (1993), Piper Verlag. Die Krimis des Autorenduos gehören bereits zu den Klassikern der Toskana-Literatur.

Magdalena Nabb: ›Tod in Florenz‹ (1992), Diogenes Verlag. In dem spannenden Kriminalroman ermittelt der etwas trottelige Kommissar Guarnaccia.

Iris Origo: ›Toskanisches Tagebuch 1943/1944‹, C.H. Beck Verlag (1991). Iris Origo schildert in diesem Buch die Kriegsjahre in der Toskana.

Vasco Pratolini: ›Chronik armer Liebesleute‹, Beck und Glückler-Verlag (1991).

Sachbücher: Luciano Bellosi u. a.: ›Italienische Kunst‹, Wagenbach Verlag, (1988).

Jacob Burckhardt: ›Die Kunst der Renaissance in Italien‹, Kröner Verlag (1988).

James Cleugh: ›Die Medici, Macht und Glanz einer europäischen Famili‹, dtv, (1992).

Friedhelm Gröteke: ›Etruskerland, Geschichte, Kultur, Kunst, Studienführer zu den Grabungsstätten und Museen‹ (1973).

Hugh Johnson: ›Die Toskana und ihre Weine‹, Hallwag Verlag (2000).

Mietwagen

Florenz: Avis, Lungarno Torrigiani 33, Tel. 05 52 34 66 68.

Pisa: Eurocar, Aeroporto Galileo Galilei, Tel. 05 04 10 81.

Örtliche Autovermieter sind im Telefonbuch unter ›noleggio‹ aufgelistet.

Reservierung in Deutschland:

Avis, Tel. 018 05 55 77 55, www.avis.com; Budget, Tel. 018 05 24 43 88, www.budget.de; Europacar, Tel. 018 05 80 00, www.europcar.de; Hertz, Tel. 018 05 33 35 35, www.hertz.de; Sixt, Tel. 0180 525 25 25, www.e-sixt.de.

Notrufe

Allgemeiner Notruf: Tel. 113, Polizei: Tel. 112, Feuerwehr: Tel. 115, Unfallrettung: Tel. 118, Pannenhilfe des ACI: Tel. 803116 bzw. 800116800 (für Mobiltelefone)

Öffnungszeiten

Geschäfte: Lebensmittelläden wie etwa der Bäcker oder der Gemüseladen haben im Allgemeinen Mo. – Fr. 8.30 – 13.00 und 15.30 bis 19.30 Uhr geöffnet. Supermärkte v. a. in Feriengebieten sind meist von morgens bis abends durchgehend geöffnet. Modegeschäfte braucht man vor 10.00 Uhr nicht aufzusuchen. Am Montagvormittag sind die meisten Boutiquen in den Städten geschlossen. Auf dem Land dagegen findet man auch sonntagvormittags meist noch einen Lebensmittelladen, der geöffnet ist.

Museen: Verlässliche Öffnungszeiten sucht man in der Toskana vergeblich, deshalb sollten Sie stets auf Änderungen gefasst sein und bei sehr abgelegenen Sehenswürdigkeiten vorsichtshalber telefonisch die Öffnungszeiten abklären.

Die staatlichen Museen sind in der Regel werktags außer Mo. 9.00 – 13.00 Uhr geöffnet, touristische bedeutende Einrichtungen meist länger. Bei den Uffizien sollte man sich beim Fremdenverkehrsamt vorab nach den Wartezeiten erkundigen.

TIPP

Nostalgie

Es klingt grotesk, aber erst musste die Bahnstrecke von Siena zum Monte Amiata stillgelegt werden, bevor sie zu einer Touristenattraktion werden konnte. Die Züge, die heute auf dieser Strecke verkehren, werden von historischen Dampflokomotiven gezogen. Das Schöne an einer Fahrt mit diesen Museumsbahnen ist, dass man sich zu 100 Prozent auf die herrlichen Ausblicke konzentrieren kann. Der Zug fährt u. a. durch die Crete, durch das malerische Orcia-Tal und durch die Berglandschaft des Monte Amiata. Informationen erält man bei Ferrovia Val d'Orcia Trenonatura, Tel. 0577207413; www.ferrovieturitisce. it.

Reisedokumente

Für Deutsche, Österreicher und Schweizer genügt der Personalausweis. Kinder unter 16 Jahren müssen einen Kinderausweis besitzen oder im Elternpass eingetragen sein. Wer mit dem Auto unterwegs ist, benötigt den Führerschein, den Kraftfahrzeugschein und die Internationale Grüne Versicherungskarte.

Reisezeit

Im Sommer ist es in der Toskana meist warm und trocken, im Landesinneren kann es sehr heiß werden, und in den Flussniederungen bisweilen auch sehr schwül. Städtetouren unternimmt man am besten im Frühjahr oder im Herbst. Die Winter können mild und sonnig sein, aber auch mit häufigen Niederschlägen. Schnee fällt nahezu in jedem Winter, er bleibt aber nur in den Hochlagen ab 800 m im Apennin und in den Apuanischen Alpen liegen.

Die charakteristischen Winde sind im Winter der Scirocco, der starken Regen bringen kann, aber auch milde Temperaturen, und die Tramontana, ein schneidender, kalter Wind, der trockene Luft von Norden her befördert.

Livorno	Tages-temp.	Nacht-temp.	Wasser-temp.	Tage mit Nieder-schlag	Sonnen-stunden pro Tag
Januar	8°	2°	13°	9	4
Februar	10°	3°	12°	7	4
März	14°	6°	13°	8	5
April	19°	9°	15°	8	6
Mai	23°	13°	16°	9	7
Juni	28°	16°	20°	6	9
Juli	31°	19°	23°	3	10
August	30°	19°	23°	4	9
September	26°	16°	21°	6	7
Oktober	19°	12°	19°	9	6
November	13°	7°	16°	11	4
Dezember	9°	3°	14°	9	4

Durchschnittswerte — Quelle: Deutscher Wetterdienst, Hamburg

Sport

Golf: Die meisten Golfplätze in der Toskana liegen in Küstennähe sowie im Norden von Florenz. Eingebettet in eine traumhafte Hügellandschaft befindet sich der traditionsreiche Golf Club Ugolino (Via Chiantigiana 3, Grassina, Tel. 05 52 30 10 09, www.golfugolino.it). Schöne Anlagen gibt es darüberhinaus in Punta Ala, Grosseto, Prato und Montecatini Terme.

Informationen erhält man beim Verband Federazione Italiana di Golf, Tel. 06 36 85 1, www.federgolf.it.

Reiten: Reiterferien werden in der ganzen Toskana, vor allem aber im Süden Region, in der Maremma, angeboten. Rund um den Parco Regionale della Maremma gibt es Reitschulen und Reiterhöfe. Eine empfehlenswerte Adresse ist die Azienda Agricola Alberese, Tel./Fax 0564407100, www.alberese.com. Weitere Informationen über Reitangebote in der Toskana gibt es u. a. bei Equinus, Grosseto, Tel. 05 64 42 49 88, www.cavallomaremmano.it.

Geschichte

- **um 900 v. Chr.** Die Etrusker kommen. Dieser vermutlich aus Kleinasien stammende Volksstamm dringt nach Etrurien, in die Toskana, nach Kampanien und in die Po-Ebene vor.
- **bis zum 6. Jh. v. Chr.** Blütezeit der etruskischen Kunst und Kultur
- **351 v. Chr.** Nach Niederlagen in Kriegen wird das Etruskerreich fast vollständig von den Römern unterworfen.
- **91 v. Chr.** Das römische Bürgerrecht gilt auch für die Etrusker.
- **410** Die Ostgoten fallen in die Toskana ein.
- **568** Die Langobarden erobern Norditalien. Hauptstadt des langobardischen Herzogtums Tuscia wird Lucca.
- **774** Die Franken unter Karl dem Großen übernehmen das Reich der Langobarden. Die Markgrafschaft Tuszien erstarkt und wird größer.
- **888 – 962** Die Toskana wird Teil des italischen Reiches.
- **12. Jh.** Zwischen den kaisertreuen Ghibellinen und den papsttreuen Guelfen entbrennt ein Generationen währender Streit. Der See- und Fernhandel führt in den Städten – insbesondere in Pisa, Florenz und Siena – zu wirtschaftlichem Aufschwung und politischer Autonomie.
- **1284** Genua schlägt die Pisaner Flotte vernichtend und beendet damit deren Seeherrschaft.
- **1338** Dank einer blühenden Wirtschaft und der Entwicklung des Bankwesens wird Florenz zur reichsten Stadt Europas.
- **1348** Bei einer schweren Pestepidemie stirbt ein Drittel der toskanischen Bevölkerung.
- **1434** Cosimo de' Medici legt den Grundstein für die 300-jährige Herrschaft des Hauses Medici.
- **1494** Vorübergehende Vertreibung der Medici durch den Dominikanermönch Savonarola. 1498 wird er auf dem Scheiterhaufen verbrannt.
- **1530** Die Toskana wird Herzogtum.
- **1555** Cosimo I. de' Medici erreicht sein Ziel, einen Flächenstaat zu bilden, als Siena besiegt ist und Papst Pius V. ihn 1569 zum Großherzog der Toskana ernennt.
- **1737** Als letzter Medici stirbt Gina Gastone, dadurch fällt die Toskana an das Haus Österreich-Lothringen.
- **1808** Napoleon erobert die Toskana.
- **1815** Beim Wiener Kongress werden die früheren Kleinstaaten wieder hergestellt.
- **1861** Die Toskana wird Teil des Königreiches Italien.
- **1921** In Livorno wird die Kommunistische Partei Italiens (PCI) gegründet.
- **1920er-Jahre** Die italienischen Faschisten unter Mussolini besetzen die Schlüsselpositionen des Landes. In der Toskana ist der antifaschistische Widerstand zwar größer als in anderen Regionen, doch letztendlich ebenfalls erfolglos.
- **1940 – 1944** Während des Zweiten Weltkrieges werden viele Kunstwerke zerstört oder beschädigt.
- **1946** Italien wird per Volksabstimmung Republik.
- **1966** Verheerendes Hochwasser in Florenz
- **1970** Die Toskana wird zur Region und Florenz ihre Hauptstadt.
- **1975** In 157 von 287 Rathäusern der Toskana sitzen kommunistische Bürgermeister, meist unterstützt von der Sozialistischen Partei.
- **1980** 46,4% für die PCI bei Regionalwahlen
- **1986** Florenz wird Europäische Kulturhauptstadt.
- **1993** Ein Bombenattentat in Florenz verursacht große Schäden am Palazzo Vecchio und den Uffizien.
- **2001** Der Schiefe Turm von Pisa darf nach spektakulären Aufrichtungsaktionen wieder bestiegen werden.

Biken und Rad fahren: Abwechslungsreiche Bike-Touren sind vor allem durch die **Crete Senesi** sowie durch das **Val d'Orcia** möglich. Insgesamt kann man rund 1000 km auf Schotterwegen zurücklegen. Informationen bei Orso on Bike, Montalcino, Tel. 0577835532, www.bikemontalcino.it.

Auch das **Chianti** haben die Radler und Mountainbiker längst entdeckt, denn es gibt dort bereits viele Feldwege und schmale Sträßchen abseits des Autoverkehrs.

Die Insel **Elba** mit ihren kurvenreichen Straßen und vielen Steigungen ist ein besonders beliebtes Radfahrer und Biker-Ziel.

In der südlichen Toskana ist **Massa Vecchia** bei Massa Marittima unter Bikern bereits kein Geheimtipp mehr. Hier hat der prominente Schweizer Biker Ernst Hutmacher einen Gutshof zum Biker-Feriendomizil umgebaut und bietet Bike-Touren für alle Schwierigkeitsgrade an – Techniktraining auf dem hauseigenen Parcours inklusive! Tel. 0566903885, Fax 0556901838, Internet: www.massavecchia.it

Wassersport: Forte dei Marmi, Viareggio, die Halbinsel Monte Argentario und natürlich Punta Ala sind die bekanntesten ›Spots‹ für Wassersportler. Auf Elba gibt es eine Reihe deutscher Segel- und Tauchschulen.

Wandern und Trekking: Ein 430 km langer Wanderpfad führt durch den Apennin. Information: Club Alpino Italiano (CAI), Pistoia, Tel. 0533655582. Ebenfalls in den Bergen kraxeln kann man in den Apuanischen Alpen im Nordwesten der Toskana. Beliebter Ausgangsort für eine Tour auf den Monte Amiata im Süden der Region ist Bagni di Lucca. Mehrtägige Touren organisiert Apuana Trekking, Informationen erhält man bei: Parco Alpi Apuane, Castelnuovo di Garfagnana, Tel./Fax 0583644242, E-Mail: garfagnana@tin.it.

Auch im **Chianti** sind bereits viele Wanderwege ausgewiesen. Auskünfte beim CAI in Florenz, Tel. 055298580.

Auf den Spuren der Etrusker wandern kann man bei **Pitigliano**, wo es auf über 2000 Jahre alte Pfade geht, die in Tuffstein gehauen sind, durch Eichenwälder und zu den Grabstätten von Sovana und Sorano. Man kann zwischen Routen von 10 bis 25 km Länge wählen. Während der Führungen erfährt man nicht nur etwas über die Kultur dieses Volkes, die Teilnehmer bekommen auch seltene Pflanzen und geologische Ausprägungen erklärt. Wenn es gewünscht wird, auch in deutscher Sprache. Anmeldungen bei der Cooperativa La Fortezza, Sovana, im Dom, Telefon 05 64 61 65 32.

Telefonieren

Öffentliche Fernsprecher: Ferngespräche ins europäische Ausland kann man von öffentlichen Fernsprechern mit orangerotem Telefonhörersymbol führen. Sie funktionieren mit Münzen oder Telefonkarten (›carte telefoniche‹), die es in Bars, an Zeitungskiosken und Tabakgeschäften gibt.

Mobiltelefone im D 1- und D 2-Netz können in Italien benutzt werden.

Vorwahlen: nach Deutschland 0049, nach Österreich 0043, in die Schweiz 0041. Italien hat die Vorwahl 0039. Achtung: Die Null der Ortsvorwahl muss immer mitgewählt werden, auch bei Ortsgesprächen!

Auskunft: Inland: 12, Ausland: 176

Gasse in Colle di Val d'Elsa

Zollbestimmungen

Für die Mitgliedstaaten der Europäischen Union, zu denen Italien gehört, ist der Warenverkehr für private Zwecke weitgehend zollfrei.

DATEN UND FAKTEN

- **Fläche und Einwohner:** Die Toskana ist eine von 20 Regionen des Landes. Ihre Fläche – die sieben Inseln eingerechnet ca. 23000 km² – entspricht etwa der von Hessen. Die Region zählt zu den dicht besiedelten Gebieten Italiens. Von den 3,6 Mio. Einwohnern lebt der größte Teil in den Städten, und die Landflucht hält vor allem im Süden der Region immer noch an. Die Lebenserwartung liegt bei durchschnittlich 77 Jahren, das jährliche Bevölkerungswachstum bei 0,3%.
- **Landesnatur:** Weinberge, Weizenfelder und Olivenhaine bestimmen das Landschaftsbild außerhalb der Städte und Gewerbezonen. Über ein Drittel der Fläche ist mit Wald bewachsen. Charakteristische Baumarten sind die Olive, die Zypresse und die Pinie. Im Süden prägen auch Korkeichen die Kulturlandschaft sowie der Eukalyptus, die Kiefer und die Schwarz- und Weißpappel. Auf den agrarisch ungenutzen Flächen dominiert die Macchia, die im Frühjahr bis in den Sommer hinein blüht. Ginster, Wacholder, Salbei, Erika, Lorbeer, Pistazie, die Brombeere, Zistrose und Myrte, der Erdbeerbaum und andere Gewächse bilden eine überaus abwechslungsreiche Vegetation.
- **Wirtschaft:** Die Toskana liegt geografisch wie auch ökonomisch zwischen dem industrialisierten Norden und dem weniger wohlhabenden Süden, dem Mezzogiorno. Auch innerhalb der Region gibt es ein Nord-Süd-Gefälle. Fast zwei Drittel der Erwerbstätigen arbeiten im Dienstleistungssektor, etwa 35% in Industrie und Handwerk. Der Anteil der bäuerlichen Bevölkerung ist inzwischen unter 5% gesunken. Im Durchschnitt waren zuletzt etwa 10% der arbeitsfähigen Toskaner arbeitslos. Die Industriestruktur ist geprägt von mittelgroßen und kleineren Unternehmen, die hauptsächlich Produkte des Agrarsektors verarbeiten. Aber auch das Handwerk ist stark vertreten, insbesondere Betriebe der Keramik- und Glasverarbeitung und Firmen, die Gold- und Silberschmuck herstellen. Es gibt größere Zuckerraffinerien und Speiseölproduzenten, auch die Holz verarbeitende Industrie sowie die Textilindustrie haben einen hohen Stellenwert.
- **Wirtschaft:** Im Mittelpunkt des Tourismus stehen die historischen Zentren Florenz, Pisa, Siena, Lucca und Arezzo. Zurzeit reisen jährlich über 2 Mio. ausländische Touristen in die Toskana. Berühmte Kurorte sind Montecatini Terme und Chianciano Terme. Massa, Forte dei Marmi und Viareggio stehen an erster Stelle der Seebäder. Ungeschlagen auf Platz eins steht allerdings die Insel Elba, wo etwa ein Fünftel aller Toskana-Touristen ihren Urlaub verbringen.

Register

Fette Ziffern verweisen auf Abbildungen.

Impressum

Verlag: HB Verlag, Marco-Polo-Zentrum, 73760 Ostfildern, Postfach 3151, 73751 Ostfildern, Tel. 0711/4502-0, Fax 0711/4502-135, www.hb-verlag.de, hb@mairs.de
Geschäftsführer: Dr. Thomas Brinkmann, Dr. Stephanie Mair-Huydts

Chefredaktion und Programmleitung: Rainer Eisenschmid, Birgit Borowski
Redaktion: Andrea Wurth
Text: Regine Koch-Scheinpflug und Günther Scheinpflug
Exklusiv-Fotografie: Thomas P. Widmann, Regensburg
Zusätzliches Fotomaterial: laif/Harscher (Titelbild: Mohnwiese bei Pienza)
Grafische Konzeption und Layout: CYCLUS · Visuelle Kommunikation, Stuttgart
Kartografie: © Mairs Geographischer Verlag, Ostfildern
HB Bildatlas Fotoservice: HB Verlag, Marco-Polo-Zentrum, 73760 Ostfildern, Tel. 0711/4502-266, Fax 0711/4502-1006, nebel@mairs.de

Anzeigenalleinverkauf: KV Kommunalverlag GmbH & Co. KG, MediaCenterMünchen, Postfach 810565, 81905 München, Tel. 089/928096-44/-52, Fax 089/928096-62, kramer@kommunal-verlag.de, www.mediacentermuenchen.de
Vertrieb Zeitschriftenhandel: Partner Pressevertrieb GmbH, Postfach 810420, 70521 Stuttgart, Tel. 0711/7252-227, Fax 0711/7252-310
Vertrieb Abonnement: Zenit Pressevertrieb GmbH, Postfach 810640, 70523 Stuttgart, Tel. 0711/7252-265, Fax 0711/7252-333, hbverlag@zenit-presse.de
Vertrieb Buchhandel und Einzelhefte: Mairs Geographischer Verlag, Marco-Polo-Zentrum, 73760 Ostfildern, Tel. 0711/4502-0, Fax 0711/4502-340
Reproduktionen: Otterbach Medien KG GmbH & Co., Rastatt
Druck und buchbinderische Verarbeitung: Echter Druck GmbH, Würzburg. Printed in Germany

ISBN 3-616-06173-3

Zeichenerklärung

Autoatlas

- Autobahn mit Anschlussstelle, Gebührenstelle (Firenze Sud)
- Autobahn in Bau - geplant mit Fertigstellungsdatum (2005)
- Tankstelle (Chianti)
- Autobahnähnliche Schnellstraße - in Bau
- Fernverkehrsstraße mit Anschlussstelle
- Wichtige Hauptstraße - Hauptstraße
- Straßen in Bau - geplant
- Nebenstraße - Fahrweg
- Fahrweg, nur bedingt befahrbar - Fußweg
- Straßentunnel
- Europa-, Autobahn-, Straßennummer (E35, A1, 16)
- Steigung - Pass (10%)
- Gebührenpflichtige Straße - Straße für Kfz gesperrt
- Landschaftlich schöne Strecke
- Autofähre - Schifffahrtslinie
- Hauptbahn mit Bahnhof - Nebenbahn
- Autoverladung per Bahn
- Verkehrsflughafen - Regionalflughafen, Flugplatz - Segelflugplatz
- Entfernungen in km an Autobahnen, Entfernungen in km an Straßen (7 14 7, 4, 9 14 5)
- Besonders sehenswerter Ort (FIRENZE)
- Sehenswerter Ort (CARRARA)
- Besonders sehenswertes Bauwerk (*Abbazia La Verna*)
- Sehenwertes Bauwerk (*Villa d. Petraia*)
- Besondere Natursehenswürdigkeit (*Grotta d. Vento*)
- Sonstige Sehenswürdigkeiten (*Luni*)
- Info - Hinweis (5)
- Nationalpark, Naturpark - Aussichtspunkt
- Kirche - Kirchenruine
- Kloster - Klosterruine
- Schloss, Burg - Burgruine
- Kapelle - Denkmal - Windmühle - Höhle
- Campingplatz - Jugendherberge
- Jachthafen - Heilbad
- Hotel, Motel, Gasthaus - Berghütte
- Empfehlenswerter Badestrand
- Turm - Funk-, Fernsehturm - Leuchtturm
- Regionsgrenze - Provinzgrenze

Cityplan

- Durchgangsstraße
- Hauptstraße - Sonstige Straßen
- Einbahnstraße - Fußgängerzone
- Hauptbahnhof mit Bahnhof
- Parkplatz - Information
- Sehenswerte Kirche - Sonstige Kirche
- Synagoge - Polizeistation - Postamt
- Krankenhaus - Turm - Denkmal
- Jugendherberge - Campingplatz
- Info - Hinweis (5)

FÜR IHRE BUCHUNG

SIENA HOTELS PROMOTION

SIENA

P.zza Madre Teresa di Calcutta, 5
(ehem. Piazza S. Domenico)
53100 Siena
Tel. +39 0577 288084
Fax. +39 0577 280290
info@hotelsiena.com

BOOKING ON-LINE
www.hotelsiena.com

SAN GIMIGNANO

Via San Giovanni, 25
53037 San Gimignano (Siena)
Tel. +39 0577 940809
Fax. +39 0577 940113
hotsangi@tin.it

SIENA

GRAND HOTEL CONTINENTAL *****L

Via Banchi di Sopra, 85 - 53100 Siena
Tel. +39 0577 56011 - Fax +39 0577 49020
www.ghc.royaldemeure.com
continental@royaldemeure.com
Ein historisches Palais, 100 m von der weltberühmten "Piazza del Campo" entfernt. Mit Wine Bar, Restaurant und Meeting Räumen. 51 Zimmer.

EXECUTIVE HOTEL BEST WESTERN ****

Via Nazareno Orlandi, 32 - 53100 Siena
Tel. +39 0577 333173 - Fax +39 0577 333178
www.bestwestern.it/executive_si
reception@hotelexecutivesiena.it
Moderner Stil, bester Komfort. Besonders ruhig gelegen, grenzt an das Kongresszentrum der Universität und der Poliklinik. Parkplatz und grosse Garage, gute Verkehrsanbindung mit der blauen Zone des historischen Zentrums.

VILLA SCACCIAPENSIERI ****

Strada di Scacciapensieri, 10 - 53100 Siena
Tel. +39 0577 41441 - Fax +39 0577 270854
www.villascacciapensieri.it
villasca@tin.it
Traditionsreicher Familienbetrieb in schöner Villa aus dem Jahr 1800, grosser Garten/Park, entspannende, gastfreundliche Atmosphäre, 31 Zimmer mit allem Komfort, typisches Restaurant mit Pergolaterrasse, kleiner Versammlungsraum, Schwimmbad, Tennis, Internet.

ANNA SIENA NORD HOTEL ***

S.S. 222 *(richtung Chianti)*
Loc. Fontebecci - 53100 Siena
Tel. & Fax +39 0577 51371
www.annahotel.it
info@annahotel.it
Ausfahrt Siena Nord, Privatparkplatz; vor den Toren Sienas gelegen, ideal für Ausflüge nach Siena und Umgebung.

CHIUSARELLI HOTEL RISTORANTE ***

V.le Curtatone, 15 - 53100 Siena
Tel. +39 0577 280562 - Fax +39 0577 271177
www.chiusarelli.com
info@chiusarelli.com
Vor der Basilica von San Domenico gelegen, in einer prunkvollen und neoklassischen Villa, alle Zimmer mit Bad, Fernseher, Klimaanlage, Telefon und Safe. Frühstück- und Restaurant-Service auf der Veranda möglich.

MINERVA HOTEL ***

Via Garibaldi, 72 - 53100 Siena
Tel. +39 0577 284474 - Fax +39 0577 43343
www.albergominerva.it
info@albergominerva.it
Das Hotel Minerva liegt in der Altstadt (10 Minuten zu Fuss von der Piazza del Campo). Wir haben 49 Standard-Zimmer mit Dusche, WC, TV, Telefon und Klimaanlange und 10 Superior-Zimmer mit zusätzlich Minibar und Safe. Von der Mehrheit der Fenster geniesst man eine bezaubernde Aussicht auf das Stadtzentrum.

MODERNO HOTEL ***

Via B. Peruzzi, 19 - 53100 Siena
Tel. +39 0577 288453 - Fax +39 0577 270596
www.hotelmodernosiena.it
info@hotelmodernosiena.it
Wenige Minuten vom historischen Zentrum - 63 Zimmer, Restaurant, Bar, Parkplatz, Garage.

SANGALLO PARK HOTEL ***

Strada di Vico Alto, 2 - 53100 Siena
Tel. +39 0577 334149 - Fax +39 0577 333306
www.sangalloparkhotel.it
info@sangalloparkhotel.it
2 km vor den historischen Stadtmauer Sienas, auf einem Hügel des Wohnviertels "Vico Alto" ist das Sangallo Park Hotel modern und funktionell eingerichtet. 50 Zimmer, Frühstück, Schwimmbad im Freien und Parkplatz.

VILLA LIBERTY HOTEL ***

Viale V. Veneto, 11 - 53100 Siena
Tel. +39 0577 44966 - Fax +39 0577 44770
www.villaliberty.it - info@villaliberty
18 Zimmer im Jugendstil eingerichtet, 5 Minuten zu Fuss zum Stadtzentrum.

PICCOLO HOTEL IL PALIO **

Piazza del Sale, 19 - 53100 Siena
Tel. +39 0577 281131 - Fax +39 0577 281142
www.hotelrooms.it/piccolohotelpalio - phpuno@tin.it
Das ehemalige Kloster "Tre Mori" wurde bereits im 15 Jh. als Hotel genutzt; es liegt im Zentrum der Altstadt von Siena, nur wenige Schritte von der Piazza del Campo.

IL CASATO RESIDENZA D'EPOCA

Via Dupré, 126 - 53100 Siena
Tel. +39 0577 236001 - Fax +39 0577 226997
www.hotelrooms.it/ilcasato - ilcasato@hotelrooms.it
Das antike Gebäude aus dem 14 Jh., das aufgrund seiner Fresken im Inneren unter Denkmalschutz steht, wurde vollkommen restauriert. Nur wenige Meter von der Piazza del Campo entfernt.
Zimmer, Suiten, Dachgarten und Panoramaterrasse.

LE MERIDIANE FERIENWOHNUNGEN

Via P. Fracassi, 3 - 53100 Siena
Tel. & Fax +39 06 50915764
www.lemeridiane.com - info@lemeridiane.com
Wohnungen mit Bad, Küche, TV, in einem Gehöft aus dem 17.Jh., zwischen Olivenhainen, 3 km vom Zentrum.

SIENA UMGEBUNG

FATTORIA CASAFRASSI ****

Loc. Casafrassi - 53011 **Castellina in Chianti** (Siena)
Tel. +39 0577 740621 - Fax +39 0577 740805
www.newnet.it/casafrassi - casafrassi@newnet.it
Eine Villa von 1700 im Herzen des Chianti in einmaliger Panoramalage zwischen Siena und Castellina gelegen. Casafrassi ist heute ein einladendes 4-Sterne-Hotel mit 25 Zimmer. Schwimmbad, Tennisplatz und Restaurant. Wir erzeugen Olivenoel und Chianti Classico.

OSTERIA DELL' ORCIA HOTEL****

53023 **Castiglione d'Orcia** (Siena)
Tel. +39 0577 887111 - Fax +39 0577 888911
www.cretedisiena.com/hotel_dell_orcia/
hoteldellorcia@cretedisiena.com
Eine alte Poststation, klein, sehr gepflegt. 16 Zimmer.

RELAIS BORGO DI TOIANO ****

Loc. Toiano - 53018 **Sovicille** (Siena)
Tel. +39 0577 314639 - Fax +39 0577 314641
www.hotelmodernosiena.it
toiano@hotelmodernosiena.it
Ein Hotel mit Charme im Herzen der sienesischen Landschaft - 7 Zimmer und 3 Junior Suiten, Bar, Schwimmbad, Parkplatz.

RELAIS SANTA CHIARA ****

Via Matteotti, 15 - 53037 **San Gimignano** (Siena)
Tel. +39 0577 940701 - Fax +39 0577 942096
www.rsc.it - rsc@rsc.it
Perfekt, professionell geführtes Hotel mit 41 Zimmern und Suiten nur 450 m vom historischen Zentrum entfernt.

TOSCANA AMBASSADOR HOTEL ****

Via Salceto, 11 - 53036 **Poggibonsi** (Siena)
Tel. +39 0577 982922 - Fax +39 0577 983147
www.toscana-ambassador.it
info@toscana-ambassador.it
Modernes, elegantes und eindrucksvolles Erstklasshotel – 90 Zimmer. Im Herzen des Chianti.
Wenige Kilometer von Florenz und Siena.

EURO CLUB HOTEL ***

Via Cassia Nord, 33 - 53035 **Monteriggioni** (Siena)
Tel. +39 0577 305002 - Fax + 39 0577 305015
www.hoteleuroclub.it - info@hoteleuroclub.it
Typisches, günstiges und preiswertes Hotel vor den Toren Sienas, umgeben vom Chianti und San Gimignano.

TERME SAN FILIPPO ***

Loc. Bagni San Filippo
53023 **Castiglione d'Orcia** (Siena)
Tel. +39 0577 872982 - Fax +39 0577 872684
www.termesanfilippo.it - info@termesanfilippo.it
Ruhiges Hotel mit Wellness-Center, Thermen und Thermalschwimmbad im Park.
Typische Küche. 27 Zimmer.

RISTORANTE LE TERRAZZE

Piazza Cisterna, 23 - 53037 **San Gimignano** (Siena)
Tel. +39 0577 940328 - Fax +39 0577 942080
www.hotelcisterna.it - info@hotelcisterna.it
Ausgezeichnete Toskanische Küche in einer kunsthistorischen Atmosphäre mit schöner Aussicht.

Zauberhafte Toskana

Zegna OUTLET STORE

The Mall Outlet Store V.le Europa 8 Leccio-Reggello (FI) Tel 0558657165
Strada Trossi Sandigliano (BI) Tel 0152496199

Kommen Sie und entdecken Sie Montecatini Terme, die europäische Wellness-Hauptstadt.

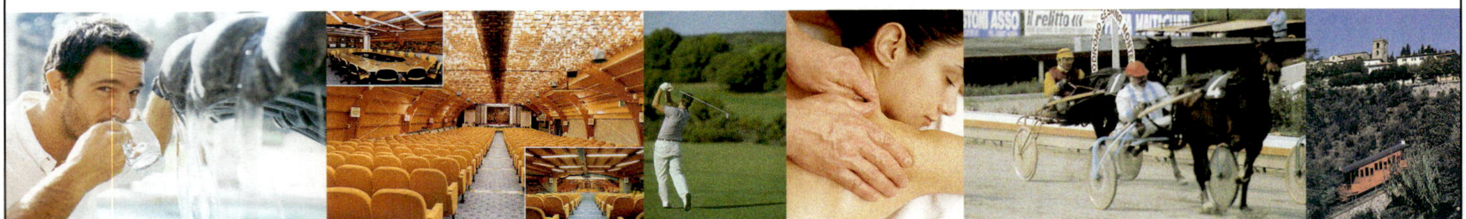

Trinkkuren | *Kongresszentrum* | *Golf* | *Remise en forme* | *Reitbahn* | *Montecatini Alto*

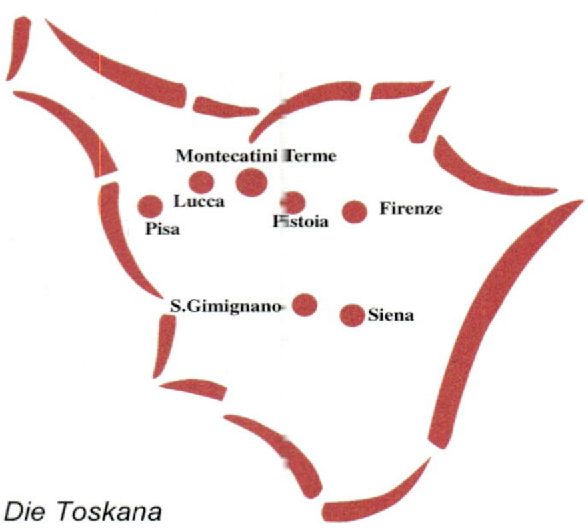

Die Toskana

Montecatini und seine tausend Attraktionen erwarten Sie: Sport, Kultur, Luxushotels, wundervolle Parks und, natürlich, Wellness. Bei uns bedeutet Wellness nicht nur berühmte Thermalquellen, sondern auch Rémise en forme, Beauty-Treatments, Behandlungen jeder Art. Und außerdem liegt Montecatini mitten in der Toskana, wenige Kilometer von Florenz, Pisa, Siena und Lucca entfernt. Kommen Sie und entdecken Sie Montecatini Terme, kommen Sie und lassen Sie Ihren Körper und Ihre Seele in der europäischen Wellness-Hauptstadt wiederaufleben.

COMUNE DI
MONTECATINI TERME
www.comunemontecatini.com
Assessorato al Turismo

SIENA
Hotel Palazzo dei Priori

Direttore Alessandro Pescini
Via Montalbuccio, 31 - 53100 Siena
Tel. 0577 39871 - Fax 0577 398765
e-mail: deipriori.si@bestwestern.it

SIENA - MONTERIGGIONI
La Residenza delle Badesse

Direttore Ana Maria Pescini
Via della Resistenza, 67
53035 Monteriggioni (Si)
Tel. 0577 310000 - Fax 0577 310002
e-mail: badesse.si@bestwestern.it

siena 2000 IMMOBILIARE

SIENA 2000 Immobiliare S.r.l.

Via Massetana Romana 2 53100 SIENA
Tel. 0577-217970 fax 0577-217969
info.turistico@siena2000immobiliare.it
www.siena2000immobiliare.it

Tourismus und Wohngelegenheiten
Immobilienverkäufe

„Le Vecchie Fornaci" im Herzen des sienesischen Chianti-Gebiets, 12 km von Siena entfernt. Sechs Apartments mit 2 bis 6 Betten mit Garten und Pool.

100% ITALIENISCHER KASCHMIR ZU FABRIKPREISEN

MAGLIERIA ARTIGIANA

Unsere Firma liegt nur 6 km von Florenz entfernt. Wir stellen seit vielen Jahren Strickwaren und Schals aus reinem Kaschmir her, wobei die edelsten und weichsten Kaschmirarten aus der Mongolei verwendet werden. Unsere Strickwaren wurden alle mit der Sorgfalt des Kunstgewerbes handgewebt und genäht. Zudem bieten wir eine komplette Zubehörserie für den Haushalt an: Decken und Kissen. Dank des Direktverkaufes unserer Herstellung können wir unsere Artikel zu äußerst günstigen Preisen anbieten.

MAGLIERIA ARTIGIANA SRL • Via A. Einstein 35 Int. 39 • 50013 CAMPI BISENZIO (FI)
Tel. 0039/055 897 44 79 • Fax 0039/055 89 84 82
Öffnungszeit Mo-Fr 09.00-13.00 - 14.30-19.00 • August geschlossen • Credit cards: Visa - Mastercards
www.maglieriaartigiana.it

Terme di Saturnia

terme di SATURNIA

Terme di Saturnia befindet sich im Herzen der Süd-toskanischen Maremma, das bedeutet traditionell etru-skisch-römische Badekultur kombiniert mit modernsten Behandlungsmethoden und toskanischem Lebensgefühl. Terme di Saturnia steht für ein Heilwasser, das schon vor 3.000 Jahren geschätzt wurde, und noch heute ist das über 1.000 qm große Urquellbecken direkt vor dem Haupthaus das Herzstück der Anlage. Aber eigentlich ist die Atmosphäre des Spa-Ressorts schon Wellness pur - die Hügellandschaft, der Wein, die Küche und die herrliche Ruhe.

Als Mitglied der "Small Luxury Hotels of the World" verfügt das Hotel über 140 Zimmer und präsentiert sich mit seinem neuen Luxus Spa als Leader des italienischen Wellnesssektors. 2.000 qm umfasst die Spa-Landschaft, die in einem architektonischen Meisterstück einem römischen Tempel nachempfunden wurde. Auch für Sportliebhaber ist gesorgt: Im ersten Stock des Spa-Gebäudes entspannt sich der Gast bei Yoga oder Pilates, und trainiert im topaktuellen Fitnesscenter mit Panoramablick auf die umliegenden Weinberge. Und ab Ende 2005 steht ein hauseigener 9Loch Golfplatz, der 2006 zu einem 18Loch-Golfplatz erweitert wird, zur Verfügung. So verspricht jeder Tag neue, ungeahnte Genüsse und man fühlt sich stündlich fitter und schöner ....

Wellness pur

In Terme di Saturnia werden Schönheit und Lebensfreude neu interpretiert. Lassen Sie sich verwöhnen!

Buchungen und weitere Hotelinformationen:
Hotel Terme di Saturnia
I-58050 Saturnia (GR)
Tel: 0039-0564-600800
Fax: 0039-0564-601266
e-mail: info@termedisaturnia.it,
www.termedisaturnia.it

Italien – Traumurlaub mit besonderem Flair

Beratung und Buchung in jedem Reisebüro mit DERTOUR-Agentur

Bei „DERTOUR Italien" finden Sie sicherlich das Passende für Ihren Traumurlaub. Mit unseren Urlaubsbausteinen können Sie sich Ihren Urlaub genau nach Ihren Wünschen zusammenstellen. Ob eine komfortable Grüne Oase in Cortona, eine gemütliche Ferienwohnung in Greve/Chianti, ein romantisches Hotel in Scansano, ein schönes Strandhotel in Forte dei Marmi oder eine unserer ausgewählten Autotouren (auch für Gourmets) quer durch die schönsten Orte der Toskana – genießen Sie einfach einen unvergesslichen Urlaub!

Castagneto-Carducci

Tenuta La Bandita ♦♦♦

Rustikales Landgut auf einem 85 ha großen Naturgelände mit Olivenhainen und Wald und rustikal oder stilvoll eingerichteten Zimmern: 2 Übernachtungen inkl. Frühstück

Pro Person im DZ ab **€ 90**

Calcinaia

Hotel Calamidoro ♦♦♦♦

Komfortable Anlage mit antiken, burgartigen Villen, elegantem Restaurant und herrlicher Poollandschaft, umgeben von einem großen Park: 4 Übernachtungen inkl. Frühstück

Pro Person im DZ ab **€ 201**

Castellina in Chianti

Rocca di Cispiano

Im toskanischen Stil eingerichtete Ferienwohnungen in ruhiger, abgeschiedener Hügellage mit Blick auf die hauseigenen Weinberge: 1 Woche im Apartment für bis zu 6 Personen

Pro Objekt ab **€ 560**

DERTOUR – die Nr. 1 für Reisebausteine

DERTOUR
Unbegrenzte Möglichkeiten
www.dertour.de

„BRINGT MICH HIN“

TABA • NUWEIBA • DAHAB • SHARM EL SHEIKH • EIN SOUKHNA • EL GOUN

In Vorbereitung

Romantische Städte, idyllische Täler und stille Wälder charakterisieren die Fränkische Schweiz. Aktive finden hier ein reiches Betätigungsfeld, eine Fülle lohnender Wander- und Ausflugsziele. Überall locken Wirtschaften mit Habhaftem aus Küche und Keller.

Jenseits der Alpen – um Lago Maggiore, Comer See und Gardasee mit ihrer Blütenpracht, den Prunkvillen und stillen Fischerdörfern – beginnt bereits der Süden. Zudem ist es nur ein Katzensprung zu den Festspielen nach Verona oder in die Geschäfts- und Kulturmetropole Mailand ...

Eine geruhsame grüne Wanderlandschaft ist es, die sich hinter der Bergstraße zwischen dem Jugendstil Darmstadts und Mannheims ausbreitet. Unweit südlich liegt Heidelberg, der Inbegriff deutscher Romantik und allein schon eine Reise wert.

Lieferbare Ausgaben

HB Bildatlas

Deutschland

227 Allgäu
198 Altmühltal
204 Bayerischer Wald
235 Berlin
235 Berlin (englische Ausgabe)
185 Bodensee
111 Brandenburg
178 Chiemgau · Berchtesgadener Land
145 Dresden · Sächsische Schweiz
256 Eifel · Aachen
260 Elbe und Weser
163 Erfurt · Weimar · Nördliches Thüringen
171 Erzgebirge · Vogtland · Chemnitz
190 Fichtelgebirge · Frankenwald · Coburger Land
242 Frankfurt · Taunus · Rheingau
269 Fränkische Schweiz
253 Hamburg
253 Hamburg (englische Ausgabe)
73 Hannover · Braunschweiger Land
263 Harz
188 Hessisches Bergland
234 Hunsrück · Naheland · Rheinhessen
233 Leipzig · Halle · Magdeburg
209 Lüneburger Heide
137 Mainfranken
179 Mecklenburgische Seen
240 Mecklenburg-Vorpommern
151 Mittelfranken
249 Mosel
165 München
255 Münsterland · Münster
159 Nordseeküste Schleswig-Holstein
196 Oberbayern zwischen Lech und Inn
271 Odenwald · Bergstraße
219 Osnabrücker Land · Emsland · Oldenburger Münsterland · Grafschaft Bentheim
155 Ostbayern zwischen Donau und Inn
211 Ostfriesland · Oldenburger Land
168 Ostseeküste Mecklenburg-Vorpommern
157 Ostseeküste Schleswig-Holstein
215 Pfalz
194 Potsdam · Havelland
243 Rhein zwischen Köln und Mainz
208 Rügen · Usedom · Hiddensee
161 Saarland
258 Sachsen
114 Sachsen-Anhalt
268 Sauerland
200 Schwäbische Alb
266 Schwarzwald · Norden
214 Spreewald · Lausitz · Märkisch-Oderland
247 Südlicher Schwarzwald
224 Sylt · Amrum · Föhr
182 Tauber und Neckar · Stuttgart · Heilbronn · Rothenburg
173 Teutoburger Wald · Ostwestfalen
261 Thüringen
141 Thüringer Wald
202 Trier
237 Weserbergland

Benelux

246 Amsterdam
187 Flandern · Brüssel
146 Holland: Inseln · Küste
62 Luxemburg

Frankreich

160 Atlantikküste
122 Bretagne
217 Burgund
225 Côte d'Azur · Monaco
222 Elsass
221 Korsika
132 Normandie
229 Paris
192 Provence
184 Südfrankreich · Languedoc-Roussillon

Griechenland

193 Athen · Peloponnes
140 Griechische Inseln: Kykladen
189 Korfu · Ionische Inseln
228 Kreta
104 Rhodos · Dodekanes
166 Zypern

Grossbritannien · Irland

158 Irland
197 Kanalinseln
175 London
231 Nordengland
144 Schottland
241 Südengland
216 Wales

Italien · Malta · Kroatien

195 Adriaküste · Emilia-Romagna
239 Gardasee · Trentino
156 Golf von Neapel · Kampanien
265 Italienische Riviera
238 Kroatische Adriaküste
254 Malta
210 Mittelitalien: Marken · Umbrien · Abruzzen
270 Oberitalienische Seen · Lombardei · Mailand
230 Piemont · Aostatal
226 Rom
264 Sardinien
232 Sizilien
201 Süditalien: Apulien · Basilikata
207 Südtirol
267 Toskana
181 Venedig · Venetien · Friaul · Triest

Mittel- und Osteuropa

164 Böhmen
148 Danzig · Ostsee · Masuren
248 Prag
152 St. Petersburg
244 Südpolen

Österreich

162 Burgenland
170 Kärnten
199 Niederösterreich · Wachau
218 Oberösterreich
220 Salzburger Land · Salzkammergut · Salzburg
174 Tirol
206 Wien

Schweiz

154 Basel · Bern · Aargau · Solothurn
172 Tessin
191 Westschweiz
72 Zentral- und Ostschweiz

Spanien · Portugal

236 Algarve · Lissabon
223 Andalusien
150 Costa Blanca
262 Costa Brava · Barcelona
176 Gran Canaria · Fuerteventura · Lanzarote
213 Ibiza · Formentera · Menorca
259 Kanarische Inseln
245 Lanzarote
212 Mallorca
203 Nordportugal
205 Nordspanien
177 Teneriffa · La Palma · Gomera · Hierro

Skandinavien

183 Bornholm
186 Jütland
180 Nordnorwegen
169 Südfinnland · Helsinki
106 Südnorwegen
250 Südschweden · Stockholm

Türkei

252 Türkische Mittelmeerküste

Außereuropäische Ziele

251 Kanadas Westen
257 Südafrika

HB Bildatlas Special

Afrika · Naher Osten

67 Ägypten
64 Arabien: V. A. Emirate · Oman · Kuwait · Qatar · Bahrain
52 Indischer Ozean: Madagaskar · Mauritius · La Réunion · Seychellen · Komoren
17 Israel
72 Marokko
61 Namibia
41 Syrien
71 Tunesien · Libyen

Australien · Ozeanien

45 Australien: Melbourne · Tasmanien · Westen
27 Australien: Ostküste
18 Neuseeland
38 Südsee

Europa

54 Madeira · Azoren · Kapverden

Süd- und Südostasien · Ferner Osten

12 Bali · Lombok · Java
10 Hongkong
53 Indien: Rajasthan · Delhi · Agra
39 Indien: Südindien
43 Peking
69 Philippinen
34 Sri Lanka und Malediven
49 Südkorea
70 Thailand
36 Vietnam

Süd- und Mittelamerika · Karibik

44 Argentinien
57 Chile
55 Dominikanische Republik · Haiti
63 Ecuador und Galápagos-Inseln
60 Jamaika
65 Kleine Antillen: Antigua · Guadeloupe · Martinique · Barbados u. a.
33 Kuba
73 Mexiko
40 Mittelamerika: Guatemala · El Salvador · Honduras · Belize
51 Peru

USA · Kanada

58 Alaska
62 Florida
2 Kalifornien
32 Kanadas Osten
68 Las Vegas · Grand Canyon
46 Neuengland · Boston
5 New York
35 Nordkalifornien · San Francisco
56 Nordwesten: Washington · Oregon
66 Route 66
42 Südkalifornien · Los Angeles
37 Südstaaten · Washington D. C.
26 Südwesten: Nevada · Utah · Arizona · New Mexico
59 Texas

HB Bildatlas Sonderausgaben

24 Ski-Special Alpen 2005
25 Alpen Special 2004